触摸历史的阶梯

——高中历史教育教学的探索与实践

邵筱洲　陈利元　文兵　编著

中国文联出版社

图书在版编目（CIP）数据

触探方舟的阶梯：高中历史教育教学的探索与实践 / 邵筱洲，陈利元，文兵编著. — 北京：中国文联出版社，2024.3

ISBN 978-7-5190-5464-9

Ⅰ. ①触… Ⅱ. ①邵… ②陈… ③文… Ⅲ. ①中学历史课—教学研究—高中 Ⅳ. ①G633.512

中国国家版本馆CIP数据核字（2024）第060481号

编　　者　邵筱洲　陈利元　文　兵
责任编辑　刘　旭
责任校对　秀点校对
装帧设计　刘贝贝　李　娜

出版发行　中国文联出版社有限公司
社　　址　北京市朝阳区农展馆南里10号　　邮编　100125
电　　话　010-85923025（发行部）　010-85923091（总编室）
经　　销　全国新华书店等
印　　刷　北京四海锦诚印刷技术有限公司

开　　本　710毫米×1000毫米　　1/16
印　　张　14.25
字　　数　236千字
版　　次　2024年3月第1版第1次印刷
定　　价　58.00元

2020年10月，教育部第一批“云南怒江州支教教师研修班暨怒江教育帮扶行动”支教团队兰坪白族普米族自治县专家团队于兰坪县第一中学合影

2021年2月28日，教育部第二批“云南怒江州支教教师研修班暨怒江教育帮扶行动”支教团队于怒江州州府泸水市人民政府大楼前合影

2021年4月8日，教育部东师大培养基地专家一行赴云南省怒江州兰坪县开展“送教援培”活动于兰坪县第一中学合影留念

2020年11月，教育部支教云南兰坪县专家邵筱洲、陈利元于兰坪县人民政府内合影

2020年10月，教育部支教云南兰坪县专家邵筱洲、陈利元于县人民政府前留影

2020年1月，邵筱洲名师工作室授牌仪式于新疆生产建设兵团第一师高级中学举行

2020年1月，邵筱洲名师工作室主持人邵筱洲与
专家教授周巩固、教育部国培办夏澜主任合影

邵筱洲、文兵与上海的叶佩玉老师于新疆兵团
第二师华山中学合影

邵筱洲名师工作室主持人邵筱洲与工作室主持助理
文兵、罗光伟两位老师合影

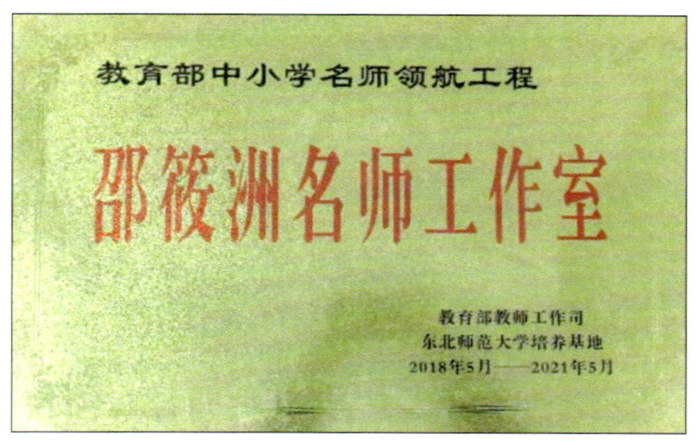

2019年，教育部中小学名师领航工程
邵筱洲名师工作室牌匾

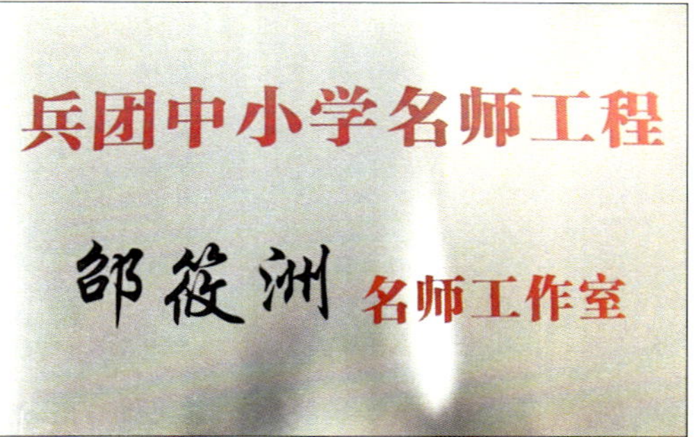

2018年8月，兵团中小学名师工程邵筱洲名师工作室牌匾

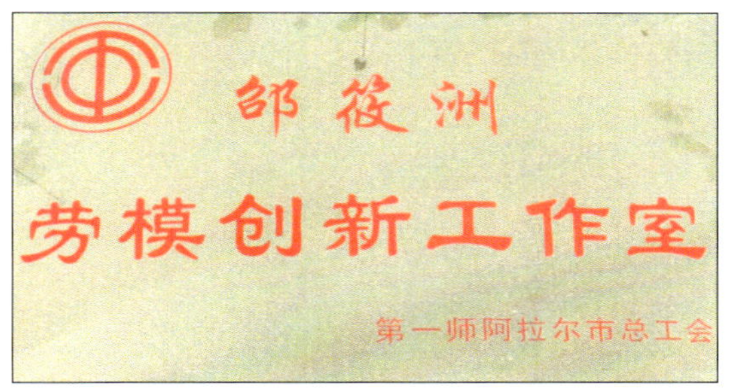

2017年10月，第一师阿拉尔市总工会邵筱洲
劳模创新工作室牌匾

目 录

第一辑

备考方略

高中历史教学内容涉及包括了中国在内的世界社会经济的发展和社会生活领域中的重要史实，高三历史备考复习中要采用科学、合理、灵活、高效的教学方法和复习方法，充分调动学生学习历史的积极性和主动性，深入挖掘学生潜力，全面提高学生的综合素质和能力，使学生在历史考试中有良好的表现，取得理想的成绩。

细化备考环节　提升时效性策略

历史学科备考冲刺阶段如何做好考前复习？如何实现有效备考、实效提升？我认为时间短、任务重、点多、面宽是历史学科备考的主要特征，因此备考复习仍以回归考纲、教材为主要依据，可以从学情、班情实际出发，切实以提高学生的应试能力为中心，突出重难点，讲求实效，巩固二轮复习成果；进一步提高学生对历史学科综合技能的掌握水平，以提升学生多角度、多层次运用所学知识分析、解决问题的技能，提升备考的实效性。

一、夯实“三基”，力求“三提高”

“三基”就是基础知识、基本技能、基本方法。从近年的高考命题分析，高考命题从关注教材转向关注课标，由教材基础知识转向对历史信息的理解和对问题的解决；命题的思路从“题目高于教材，答案立足教材”转向“内容源于教材，答案在于理解”。这就要求学生不仅要基础知识过关，还要求学生基本技能过关，更要求学生对基本方法的综合和运用。

围绕“三提高”做好复习备考。具体做到：一是全面提高，既要提高对基础知识的掌握程度，又要提高运用所学知识分析问题、解决问题的能力；二是全程提高，“以练督学”“以练带点”，要做到学、练有机结合，保障复习环节的完整性、有效性；三是全员提高，“以情优教”，对班里每个学生悉心指导、耐心引导、及时鼓励。

同时，既要做到保持良好的心理、生理状态，又要做到各学科之间的均衡发展，“补弱促强”，查漏补缺，“培优扶强”，体现“均衡之中有优势”。教师则须引领学生全方位提高考试能力与素质，力争学生全员有进步，学科整体有提升。

二、细化复习环节，增强备考实效性

在深入研究课标、考纲及把握近年高考命题趋势的基础上，做到复习时有的放矢，增强备考实效性。通过“四新”（新观念引入、新材料使用、新情景设置、新问题提出）考查“三基”成为目前高考试题的趋势。一是狠抓“三基”不放松，牢固掌握主干历史知识，形成知识结构体系；二是讲解新的史学观，提升运用史学观回答历史问题的能力；三是以专题讲评课，提高复习有效性。通过“以情优教”“以练督学”“以练带点”，讲评、分析考情，重点讲解，归类总结，反思整理；着力点放在答疑解惑、析因纠错，重点是解题方法与思路的点拨与指导。

三、建构历史知识结构体系，强化通史意识的渗透

最后阶段重点复习，不但要客观地“回归”“复原”历史发展进程中的重大事件、史实和人物，而且要科学地揭示历史发展的规律与特点，以期为当下和未来提供历史借鉴。通过专题复习以提高复习有效性、时效性，可以借助专题教案、学案，包括对考点、课标的解读，进行知识的梳理、合作探究、高考研判等，使学生牢固掌握历史主干知识，形成“点—线—面”知识结构的网络化、系统化，构建成完整的知识体系。

同时，创造性地使用好教材及考纲，把大量相对孤立、繁杂、隐性的知识建构成完整、系统的历史知识体系，使之成为中外关联、古今贯通的知识整体。只有注重串联历史知识，做到知识的横向、纵向的迁移和联系，复习备考的效果才能体现出时效性。此外，还可以通过复习，引导学生厘清试题练习中非选择题的情境设置，学以致用，达到“贯通古今、关联中外”，既突出新课程“专题”的特点，更强调对历史线索与阶段特征的考查。同时，把握知识结构的主要组成源于教材、高于教材。

不断地认知高考命题主要采取通史研究的考查思路，并进一步地考查各历史时期的政治、经济、文化之间的内在联系，而课标教材是以专题史体例编排的。这就要求在专题基础上对学生强化通史意识的培养，注重知识纵向迁移和

横向整合，以拓宽思维视角，适度深化对有关内容的处理和组合，加强各模块知识的整合，以提升学生的应变、应考能力。

四、注重新史观的塑造，强化解析思路

近几年高考历史试题以新材料、新史观、新角度、新情境等呈现和命制试题，试题以直接显示的方式或以隐性介入的方式体现了高考命题的原则。引导学生去认知和理解新的史学观，如唯物史观、文明史观、整体史观、现代史观、社会史观、生态史观等，提升学生运用的能力。

在备考复习中，引导考生关注现实社会热点、时政热点，做到社会实践与历史史实的有机结合。备考复习要适度拓展复习内容，即在一定程度上突破历史学科的时空范围，一是建立起与社会现实、其他学科的有机联系；二是建立起与社会热点问题的联系；三是建立起与政治、地理学科知识的渗透和联系；四是体现时代特色的内容的联系。

在备考复习中，要特别重视选择题基本解答方法和非选择题解题方法技巧的指导，在归纳讲解各种题型的基本特点和要求的基础上，对影响解题的内容同条件限制词的含义及其基本内涵进行归类、比较。对历史概念的理解，要在平时学习过程中注意积累和掌握，并在练习中加深理解和运用；要运用以往的高考题作例证，加强实用性指导与训练，提高分析解决问题的能力和学科备考。

五、强化时效性训练，增强备考有效性

进一步进行有针对性的强化训练，增强运用知识的综合能力。一是强化定时训练，体现训练的时效性；二是强化规范训练，实现训练的有效性。总结出“一思二聚三发散，一读二审三落笔”的训练规律。规范就是分数，规范就是能力，规范能引导学生有所突破。

（1）准确把握审题环节。一要细审题干材料，二要细审设问，找出关键词和答题的范围条件、时间条件、对象条件、空间条件等要素。

（2）准确运用学科概念及学科语言。重要的学科语言和概念术语往往是答题的得分点。引导、培养学生运用学科概念和学科语言的习惯，答题要求面

宽、点全、语短。着力强调试卷答题做到“四化”，即条理化、段落化、规范化、整洁化。

（3）准确解读材料信息。一是提取信息要全，确保信息无遗漏；二是运用信息要活，做到相关知识的有机衔接；三是利用好材料的出处，不遗漏材料信息；四是学会罗列提纲，做到层次分明，体现材料和教材的有机结合。

通过备考复习，引导学生树立“会做的做对，做了的做对，会做的先做，把简单的做对”的做题理念和做题思维。结合现阶段的“以情优教”“以练督学”“以练带点”的专题复习和综合训练，进一步巩固和提升学科备考的有效性、针对性、实效性。

历史学科备考细化与强化

——由一轮复习教学带来的思考

高考历史第一轮复习非常重要，可以说它深刻影响着历史学科高考的成败。从2013年的高考备考来看，学科教师的整体配备理想、教师的团队合作意识和团队精神是最重要的。同时，我认为文科综合的复习总体比较理想，学科目标明确，高考成绩超出了预想，成效显著。

反思一年来的复习，总有一些遗憾，也有一丝欣慰，还有进一步的思考：第一轮复习再细致些、扎实些，可以使二轮复习达到更好的效果。

总的来说，第一轮复习要立足基础，着眼能力；立足“考纲课标”，活用教材；突出重点，强化主干。学生要在全面、扎实地掌握基础知识，构建科学、系统的知识结构的同时，重视培养灵活运用历史知识进行知识迁移和解决问题的能力。

一、研究高考试题，把握高考方向

高考试题的规范性、导向性强。在复习备考的过程中，要注重分析和研究近几年的高考历史试题，了解近几年江苏、广东、湖南等地的高考动向，这对高考备考具有一定的导向作用。纵观近几年的新课标高考历史试题，可以总结出以下几个基本特点。

1. 注重引导学生回归教材，重点考查基础主干知识

这一重视教材的导向，有利于克服备考中脱离教材、过度依赖教辅资料的被动局面，在一定程度上有利于减轻高三学生的备考负担。

2. 注重创设试题情境，择取材料富有多样性

如2011年安徽卷历史试题在情境创设时运用了历史遗存（第12题）、中国画（第13题）、地图（第16题）、漫画（第19题）、思想家言论（第22题）、文献材料（第15、17、36题）、表格（第35题）等多种材料形式。图文并茂的试题设计、丰富多彩的材料择取，既有利于缓解学生在高考考场上的紧张情绪，体现了对学生的人文关怀，又对平时的教学提出了更高要求，要注重培养学生的材料解读和提取材料信息的能力。

3. 重视历史逻辑，突出考查学科能力，体现历史学科“论从史出、史论结合”的特点

这些都要求教师针对高三学生在复习中要引领和重点关注三维目标的落实，注重对学生历史学科能力的培养。

4. 强化对新史观的引领

近几年高考历史命题突出了新课程以文明发展史为学科主脉的命题思路，同时渗透了整体史观、现代化史观和社会史观等多种新史观。这要求学生对时下多元化的史观要有一个基本的了解，能从新的角度、新的视野来把握、理解历史。

二、进一步夯实基础，构建知识体系

“万丈高楼平地起。”第一轮复习就是打好高三历史复习大厦的根基，而基础知识和基本技能则是历史学科两块最重要的基石。因此，第一轮复习最重要的目标就是要实现“双基”的落实。

1. 圈定范围，有的放矢

高三历史复习的目标非常明确，就是备战高考，只有知道高考考什么、怎么考，才能在备考中做到有的放矢。考试大纲、课程标准是高考命题的依据，因此要提高备考效率就必须熟悉考试说明、教学指导意见、考试大纲、课程标准。根据考试说明、教学指导意见、考试大纲、课程标准，大胆圈定2013年高考的知识点范围，排除非高考范围内的内容（一般为教学指导意见中作为“学生课外阅读内容”的部分）。这样既可以减轻学生的负担，又可以做到有的放矢，提高复习的有效性。

2. 立足教材，稳扎稳打，准确理解和落实每一个知识点

高考命题的指导思想是能力立意，但知识是能力的基础和载体，没有基础知识，能力的考查和培养就成为无根之木、无源之水。在第一轮复习中，学生要依据考试大纲、课程标准，紧扣教材，抓好基础知识的落实。教材是学习历史基础知识的主要资源，熟读教材能使答题语言更符合历史学科的语言规范。虽然学生在高一、高二都学过教材的内容，但由于学习要求不高和重视程度不够等因素，学生对教材的把握往往流于表面，因此在高三第一轮复习中必须引导学生深入教材，弄清历史现象本质的、规律性的历史结论等。对一些重要的历史事件、历史概念、历史理论务必落到实处。同时，兼顾对教材边角知识的扫描。一步一个脚印，稳步推进，牢固地掌握教材中的主干知识，真正做到以不变应万变，为下一轮的复习奠定坚实的基础。

3. 建构知识体系，系统、宏观地掌握知识

第一轮复习并不等于孤立地重复知识点，学生必须在教师的指导下构建明确的、完整的知识结构体系，清楚每一个历史事实在历史整体系统中所占的位置。这样既有利于学生记忆历史知识，又有利于学生在联系、理解的基础上去归纳、分析历史知识。例如，考试说明按照通史的形式，将中外历史知识结合起来，同时将选修模块的考查内容融入相关的历史阶段中，串联成知识体系。

4. 培养能力，掌握方法技巧

在高度重视教材基础知识、加强对教材资源的整合的基础上，学生要注重培养归纳、比较、概括、评价和表达能力。在课堂教学的过程中，教师应当贯彻能力立意的教学思路，注重对学生能力的引导和培养。

教师要多进行学习方法和答题技巧的指导，帮助学生学会学习，引导学生主动探索、提出问题并解决问题。师生要重视对考试说明中所提供的题例和样卷、近几年高考试题的研究，从中体会高考“怎么考”（试卷题型、试题呈现方式及命题思路等），从参考答案中体会“怎么答”（解题思路、答案组织、文字表述等）。研究高考试题是探索正确的解题思路和方法，提高解题能力的重要途径。

在具体的解题技巧方面，要加强对学生审题能力、材料信息提取能力、知识迁移能力和答案文字组织能力的培养。

5. 精选精练，有效强化

学生能力的培养光靠教师在课堂上讲是远远不够的，必须对学生进行适当的强化训练，在习题训练中提高学生的能力。科学的训练是提高能力的有效方法。

教师可以选用历年高考真题和高质量模拟题，在及时巩固知识的同时，有针对性地训练学生对题目中各种信息（文字、图片、表格、地图等）的判读和分析能力，训练学生从形象思维过渡到抽象思维，从感性认识上升到理性认识，让学生在做题中准确地提取有效信息，有针对性地解题；让学生在实践中加深对试题思路的把握，形成科学的解题方式。

在复习中，教师也应积极创设出一些新情境的好题让学生在全新视角中观察历史问题，以活跃学生的历史思维，提高学生的综合能力，从而使学生的能力与高考的能力要求实现接轨。

三、培养时序思维能力

时序思维是历史复习中最重要的思维能力，分析任何历史问题都离不开时序思维能力，因为所有历史事件都发生在某一特定时期，并且与当时的社会背景紧密相关。只有了解特定历史时期的社会背景，才能真正理解这一历史事件为什么发生、会有怎样的结果、有什么影响。社会转型时期是历史发展中承上启下的重要时期，社会转型时期的相关问题历年来都是高考的热点，所以要特别重视对社会转型时期（如春秋战国时期、民国时期等）阶段特征的理解。

四、提高材料解读、历史解释和评价的能力

在备考复习中，要掌握的方法和能力比较多，但最基本的、最重要的仍然是如何从材料中获取历史信息，并依据所获取的有效信息和所学知识对历史现象进行解释与评价。所以，在复习备考中，如何提高学生尽可能多地从材料中获取有效信息、提高对历史现象的解释和评价的能力至关重要。

1. 要准确、全面、有效地获取信息

所谓“准确”就是所获取的历史信息要符合材料原意，并能运用一定的史实研究方法对材料进行鉴别；所谓“全面”就是要尽可能地穷尽相关信息，包

括引言、正文和注释中体现的所有信息；所谓“有效”主要是指提取的材料信息对解答问题有意义，如2008年广东卷第26题，“备注”第一、二栏对理解数据含义有帮助，第四栏对计算具体开支有帮助，而后三栏是辅助信息，对解题意义不大。怎样帮助学生从材料中准确、全面、有效地获取信息？最有效的办法应该是以高考典型试题为素材进行针对性训练，引导学生逐字逐句、逐图逐表地分析材料，使学生体会高考试题中的历史信息是怎样呈现的，又该如何从中概括提炼出来。

2. 能对历史现象做出合理的解释

所谓历史解释，即从所获取的历史信息出发，结合所学知识和理论对历史现象做一定的阐释，使历史人物和历史事件变得可以理解。对历史现象进行解释有两个基本要求：一是要从所获取的有效信息出发；二是结合所学知识和理论储备，实事求是地对某一历史现象进行合理的解释。

3. 能对历史问题进行合理的评价

历史评价就是根据一定的标准对史实进行价值判断。评价历史问题的原则：一是要依据基本史实。基本史实可以来自材料信息，也可以是所学知识。二是要依据一定的评价标准。比如，从现代化史观的角度来看，历史评价的标准主要是是否有利于实现经济工业化、政治民主化、文化理性化；从文明史观的角度来看，主要是是否有利于生产力的进步，是否有利于人类生活的改善，是否有利于人的发展等。三是做出合乎事实和标准的判断。由于所依据的史实或标准不同，判断的结果也会不一样，因此评价具有多样性的特征。

五、关注和运用学科的新理念、新史观、新成果

在复习备考过程中，不仅需要了解传统的阶级分析等观念，也需要了解文明史观、全球史观、现代化史观、生产力标准、实践标准、宏观与微观相结合等新观念。拓展历史学的视野，引入概念史、阅读史、心态史等国际前沿的研究成果。

在复习备考过程中，教师可以依据考纲和课标，从任何一个专题出发，综合运用现代化史观、文明史观和全球史观的基本理论，引导学生重新整合重点知识。例如，复习“明清君主专制的加强”这一专题纵向方面可以从现代化史

观中的政治民主化主题出发，将中国历史从专制到民主、从人治到法治的政治史内容整合起来，使学生形成一个系统而完整的认识；横向方面可以从文明史观出发，将这一阶段政治、经济、文化和社会生活的内容整合起来，使学生形成对明清时期历史发展基本特征的整体认识；还可以从全球史观出发，将这一阶段的中西方历史进行对比，从而使学生理解这一时期中西方历史发展的不同特征及其原因和影响。

专题复习既可以使学生开阔眼界、巩固重点知识，又可以培养学生从宏观上分析历史问题的能力，提高学生的历史认知。在这个过程中，要进一步落实基本概念和阶段特征。例如，针对“明清君主专制的加强”要进一步落实“内阁”“军机处”等历史名词的基本内涵，也要从宏观上理解明清时期历史发展的基本特点：君主专制不断强化，统一的多民族国家不断巩固；农耕经济高度发展，新的经济因素产生和发展；反传统的新儒家思想兴起，总结性的传统科技不断涌现，文学、艺术呈现新特点等。

认知五环节　提升时效性

高考临近，现就高考文综历史学科提出有针对性、阶段性的复习目标：提高复习质量，正确认知和抓好五个环节，以利于最后冲刺——点亮高考、点亮青春。

一、抓教材——注重衔接夯实基础知识

教材是考生获取知识和方法的基本载体，我们的各种练习及题型都是教材知识的呈现，尽管命题方式和角度发生变化，但考查的知识和命题思路始终紧扣考纲；试题及练习当中尤其是材料型试题中的选择题、非选择题部分的答题需要应用知识的综合技能，大都源于教材内容或提供的材料内容本身。因此，“回归教材”，即对人教版教材的理解、利用及准确记忆，注重知识的纵向迁移和横向联系，以及熟练地掌握学科知识是高考考查的基础和关键。

学生应注重知识的迁移和联系，对新、旧教材的复习应该互补、借鉴，尤其是当面临现行教材和教辅资料相互脱节的客观实际（更有利于历届生）时，更应构建完整的、系统的学科体系。

二、抓考纲——提纲挈领提高认知水准

教师应认真研读《考试大纲》及《考试说明》，把筛查、发现在第一、二轮复习中的空白点和平时的教学有机联系起来。引导学生多角度、分层次地把所学知识归类处理，做好知识储备；引导学生在平时训练、考试中针对出现频率不高，但《考试说明》有要求的知识点进行纠偏，防止出现盲点。学生在平时的学习中要以“论从史出、史论结合”为原则来思考和解答问题。

三、抓主线——理清思路构建知识体系

纵观近年高考试题，无论教材、材料、题型和考试形式如何变化，始终强调的是考查考生对教材重点知识、主干知识的掌握水平和程度。因此，对必修一、二、三的复习要着力注重“双基”的熟悉和理解，准确把握不同时期的历史特征，并从政治、经济、文化等方面进行归纳和梳理。通过对专题知识的内在联系的整合，使学生进行有效学习、正确定位，掌握重点、难点知识，构建完整的知识体系，实现知识的网络化、系统化，实现知识的重点、难点的突破。

四、抓弱点——纠偏补漏整合学科优势

在对教材进行复习、归纳和梳理从而构建完整的知识体系的基础上，结合适度练习的训练，让每位学生都知道自己在哪些方面还存在薄弱环节。并让学生回顾做过的题（尤其是错题），反思自己在哪方面、知识容量上存在不足。在运用知识的技能方面，为提高解题方式、技巧方面的熟练程度，可以对照历次考试训练中的错题，由学生自己归纳出不足点，对错题所涉及的知识内容，对照教材进行复习巩固，若有不明白的问题及时通过与老师、同学进行交流解惑，解决知识上的漏洞和偏差。

针对新、旧教材的对比复习以及现行教材和教辅资料脱节的客观实际，应注重对比整合、强化突破，弥补知识结构的弱点和盲点，查缺补漏，防止出现知识的断层和空白区，纠偏和提升学科的现有层次与优势。

五、抓规范——重视过程提升复习正效应

重视解析过程，明确解题思路和技巧，注重答题细节，规范答题模式，提高解题效率，获得反思提升，体现复习正效应。

材料型试题中无论选择题还是问答题一般都由情景材料和设问两部分组成。材料型选择题又分为把握以“题干中的单纯材料内容”为考查的单一型和以“材料为主结合教材相关内容”为考查的复合型两类。

（1）材料型问答题的考查关键是重视解析过程：一是细心审题，做到细审

题干，细审问题，依据题目的指向对材料内容进行认真筛选审题，审题是回答问题的前提；二是确定答题的思路的范围，做到把握材料本身、材料出处和对材料观点的运用等进行思考，确定答题要素；三是罗列提纲，编列好材料题的答题提纲尤其重要。以上方法可以为组织答题、提高答题效率奠定基础。

（2）材料型问答题的考查重点是明确解题思路和技巧：正确认知“读题、解题、审题、答题”四环节的关系。第一，读题环节中的“两关键点”是材料本身（内容）和材料出处。第二，解题环节中把握的“两个最大限度”。一是提取材料内容（本身），罗列出所含知识点；二是将材料反映知识与课本相关知识结合，通过联系、比较，罗列相关知识点。第三，审题环节中的“四限定”是挖掘材料和问题题干所限定的时间、空间、对象、内容四条件来紧扣问题条件答题。第四，解决答题环节中的“三来源”。一是材料本身所含知识点；二是材料与所学课本教材知识的结合；三是依据材料提示，从课本中寻找答案。

（3）材料型问答题的考查核心是规范答题、注重细节、反思提升：科学、规范答题，注重答题细节是解析材料问题的核心和归宿。做题时要坚持“回答问题的观点与材料密切联系，用材料或课本内容的知识反映问题”。

在具体组织答题时，做到“先重点再其他，先材料再课本，先综合再拓展”“内容条理化，答案要点化，要点序号化”。此外，还应注意答题时使用历史学科语言（术语）；答题时，书写要规范，卷面要整洁。

“细节左右成败”，解析材料问题还要注重答题细节。对考生来讲，利用好现阶段文科综合的每次考试、训练，一定要有意识、有针对性地纠正答题过程中的不良习惯和不良方法，认真对待答题的各个细节，尽量避免因非智力因素而导致的失分、丢分现象。值得注意和强调的是，切忌纠缠难题、偏题，以免造成心理不适及心理负效应，从而影响正常水平的发挥。这对应届、历届考生都非常重要。

另外，应关注、熟悉热点问题。抓住热点的一般性规律尤其关注政治、历史、地理学科交叉与相互渗透的社会现实热点和时事政治热点，去发现、设计同类问题的背景和相关史实的命题思路。这也是实现调动所学知识、提升运用能力的有效途径。

把握命题趋势　提高备考实效　提升历史思维

一、细读《〈考试说明〉全解》，把握命题趋势

《考试说明》是高考命题的依据。作为考生，准确理解《考试说明》的各项内容，了解当年考试说明的变化情况非常重要。利用《〈考试说明〉全解》，引导学生通过统计、分析对照和比较近五年高考试卷中的高频考点，以典型例题来加深对知识的理解，做到对高频考点的突破，进一步有针对性地高效备考。例如，对高频考点“近代中国的经济、思想”的分析：从考查内容来看，命题集中于晚清中国经济结构的变化和民族工业的兴起与维新思想；从题型来看，主要以选择题形式加以考查；从能力要求来看，注重考查对材料的理解和分析能力；从命题特点来看，侧重于从主干知识外延的角度进行命题，考查对主干知识的深度的理解。预计在今后的高考中，仍将以晚清中国经济结构的变化与维新思想作为命题的重点，并以选择题为主，突出考查对新材料的解读能力。

二、回扣教材，将通史思维与专题思维相结合

近年来，高考试题侧重历史阶段特征的考查，这对通史思维要求较高。尤其是在二轮复习阶段，在原有的教材知识体系基础上，依据高考要求，首先要回扣教材，注重基础知识，构建专题知识体系。通常以专题的形式形成较完整的知识结构，还要借助教材目录梳理知识结构，并结合通史教材体例进行整理、归纳，重新进行知识的整合与强化，将专题模块知识以通史的形式加以整合，实现知识的重组与升华；实现专题知识复习与通史知识的有机结合。

例如，在复习“农耕文明时代的中国和世界”专题时，其基本特征分别为：古代中国是典型的农耕文明、大河文明，稳定性和封闭性较强；古代希腊是典型的海洋文明，开放性和创新性较强。复习的思路与环节：首先是古今专题的融会贯通；其次是断代通史的融会贯通；最后是横向中外关联与对比。通过这三个环节，实现通史思维和专题思维的有机结合。

三、把握历史概念，提升历史思维

近年高考，注重考查学科主干知识，注重考查对历史概念的理解与运用。历史概念是具有很强迁移价值的关键性概念，这一概念通过有效地组织大量的历史事实和其他概念，能够展现历史学科的逻辑结构。运用历史概念人们能进行丰富的历史思维，如教师可以引导学生利用学术新成果，开阔认知视野，灵活分析相关问题。高考注重考查历史学科能力与素养，实际上大量的试题就是通过新颖别致的历史材料所反映的历史现象，考查学生的历史理解、分析、推断能力。例如，小农经济、自然经济与封建经济，三者涉及的方面有差异；海禁和闭关锁国政策与中国对外贸易等。考生要注意辨析概念的特征，精准掌握概念的内涵，以提高自己透彻理解概念的能力。

同时，重视对基本历史理论理解和运用的考查，重视对学生“史识”的考查。这有利于学生形成紧密的知识结构，围绕学科概念进行学习，极大地提高学习效率。高三后期复习，不仅强调对史实信息的记忆性学习，还强调精心组织与运用抽象历史概念，提升学科思维。到了高三后期，学生储备了大量的历史知识，也具备突破性理解核心概念的基本能力。只有深度理解并运用历史概念，才能突破有效复习的瓶颈，有效应对新情境问题，提高历史解题思维的有效性。

四、查缺补漏，以练督学，既要保质也要保量

同学们在复习备考阶段，尤其要通过以练督学、查缺补漏，实现专项提高。考试能够有效地暴露出学生的知识体系存在的缺陷以及不合适的学习习惯。

1. 立足学科主干知识，正视归纳和错题分析

每年高考的重点和高频考点并不多，在后期的复习中应将重心放在重点知

识的归纳整理和易错题的分析上。同时，选典型题型进行训练，在规定的时间内快速完成，并对练习题进行归类分析和方法总结，如此复习的目的性和针对性方能更强。

2. 稳中求进，把握重点，提升突破

复习备考要以考纲为依据，以教材为依托，做到回归教材，狠抓课堂。明白听清楚不如想清楚，想清楚不如做清楚；该动笔时要动笔，能力是练出来的。

同时，在回顾中对知识点进行清点、梳理，不断提升自己。通过知识体系的构建，使自己在进行书本知识理解和问题解答时没有遗漏，不会漏掉点的知识和角度。应该在重难点中，选出自己的突破点，让自己在有限的时间里取得突破，得到提升。

3. 提高效率，重实效保质量

引导学生在形成知识体系、理解和掌握基础知识的基础上，通过训练、检测，找出知识广度与深度、答题思路等方面的缺漏。无论在进行学科检测时还是在听授试卷讲评时，都做好读题和审题。

针对试卷的试题和题型进行有效的分析和讲解，引导学生查缺补漏，找出错误所在的同时，还要引导学生“以练督学”“以练带点”，教会学生审题、解析的步骤，重视逻辑推导，构建完整体系，重视试卷评析，使学生做到学以致用，提升解题效率，培育良好的答题习惯。

五、先易后难，扬长避短

通常情况下要取得整体成绩的提高，学生不仅需要稳住自己优势科目的分数，还要在短板科目方面下功夫，尤其在考场上要“扬长避短”，才能考出好成绩。

1. 答题时间的把握

根据学科的试卷结构可知，除了试卷内容有变化，试题的构成、科目考查顺序等是固定的。可以根据自己的优势科目、优势题型来确定做题顺序，合理安排时间。要优先确保选择题的得分率，适度取舍，把握“稳中求快、准确第一”的准则。

2. 材料题的把握

文科生要针对自己的优势科目和短板科目合理做题，一定要特别重视审题，对题干较长、信息量较大的材料题，尤其是主观题，做到读材料、解析材料、梳理材料、规范答题的有机结合。

3. 把握答题技巧，有效扬长避短

考试时“会做的先做，会做的做对，做了的做对，把简单的做对”，这对提高高考成绩非常实用、有效。

探究历史学科的有效教学模式与实施策略

——以高中历史备考课课型教学模式为例

在高三历史的一轮、二轮复习的教学过程中，应不断地追寻和实践课堂教学的有效性。作为教师，在教学之余，应静下心来认真解析历年的考试大纲、课程标准，解读、更新课程理念。同时，在教学过程中，针对高中历史学科的学业水平考试和高考一轮、二轮的复习或专题辅导训练进行反思和总结。这都有利于深化教师对考纲、新课标的理解。如何在有限的时间内提高教学的效率，做到真正体现备考课课型教学模式教学的有效性，也是大多数高三教师在教学实践中无法回避的问题。

在实施课堂教学的过程中，针对教学过程中的师生课堂行为变化，进一步实施和体现“以情优教”“以练带点”“以练督学”的教学环节和过程，有利于提高课堂教学效果。“以情优教”是指在充分考虑教学中的认知因素的同时，充分重视教学中的情感因素，发挥情感因素的积极作用，以完善教学目标，改进教学的各个环节，从而达到优化教学效果。“以情优教”强调情感目标，并强调积极创建课堂师生互相促进的教学格局。“以练带点”“以练督学”是指在复习过程中，通过对知识的再忆再现与梳理整合，正确地预见学生学习的难点和常见的错误，督促学生回归教材，夯实“双基”。

针对练习设计时的参考——课本练习题，教师需要进行“再创造”，正确运用好课本练习题。有的可用习题补充，“以练带点”，以练促进学生对知识点的梳理和整合；有的需要对知识强化训练，“以练督学”，使学生巩固、深化所学知识。在使用教材练习题为主的前提下，则根据教学的需要适当进行补充练习，设计各种不同的题型，从不同角度来巩固知识。“以练带点”“以练督学”，既有利于调动学生自学的积极性，又有利于学生对所学知识的巩固深化，还有利于减轻学生过重的作业负担。教师可以通过适度的训练或专项练习，来教会和提高学生的学习思维和学习方法，做到精讲精练，优化课堂教学；突破重难点知识，引导和提升学生综合运用知识的技能。

通过归纳和整理，在探究高中新课程历史复习课课型有效教学模式的同时，通过复习阶段的“以情优教”“以练带点”“以练督学”形式的专题复习指导和综合的单元专题配套练习，不断巩固和提升了复习课教学的有效性、复习内容的针对性、复习运用技能的实效性。

我理解的复习课（专题课）有效教学模式和实施策略是：知识再忆、纵迁移横联系→构建知识结构网络体系→典型例题解析思路和知识整合→典型例题训练及师生互动交流→总结归纳及巩固提升→达到“以情优教”“以练带点”“以练督学”的有效教学。

一、知识再忆、再现，夯实“双基”

1. 教师根据复习计划和目标，提出问题、设计方案、实现目标

通过“以情优教”，强化对知识的再忆、再现，由学生根据教师提出的问题自主梳理所学知识，夯实“双基”，把握历史概念和史实。

在复习教学过程中，通过案例一：在组织学生复习人教版历史必修三的第一单元“中国传统文化主流思想的演变”时，在利用好教材目录的同时，通过对单元内的第一课“‘百家争鸣’和儒家思想的形成”、第二课“罢黜百家，独尊儒术”、第三课“宋明理学”、第四课“明清之际活跃的儒家思想”内容的教学目标和教材知识进行梳理，得出“儒家思想的发展历程”是按照教材时间顺序，由“春秋—战国—西汉—宋明—明清之际”分别对应为“儒学创立—蔚然大宗（非儒即墨）—确立正统地位（唯一显学）—理学新阶段—早期启蒙思想”。这样就能让学生既夯实了“双基”，又正确把握了历史史实和历史概念。

2. 知识的纵向迁移、横向联系

注重复习课（专题课）课型教学中的课堂师生行为变化，对教材单元知识进行归纳、梳理。

一是纵向知识的迁移：以时间为序，可以是某一时期或朝代，或是一定条件下的时间和空间范围内的知识。纵向知识是历史知识网络体系中的经线，形成纵向知识的迁移。

二是横向知识的联系：以空间为序，作为不同历史时期的阶段特征和史实，它是以空间为序，可以是同一时期或朝代，或是同一时间和空间范围内的不同政权或史实的知识。横向知识是历史知识网络体系中的经线，进行横向知识的联系。通过师生的互动以及对知识的归纳、整理，使零散知识条理化、网络化、系统化。

【案例一】在复习必修一第一单元“古代中国的政治制度”时构建的“中国古代史纵向知识体系”。

先秦时期	夏商周时期出现的早期政治制度
秦汉时期	统一的多民族国家形成，中央集权制度确立和巩固
魏晋南北朝时期	统一的封建国家分裂和民族时期大融合
宋元时期	民族政权林立，民族大融合和经济重心的南移
明清时期	统一的多民族国家继续发展和巩固时期，君主专制加强

二、构建知识结构网络体系

构建知识结构网络体系，首先，立足于本学科的章节，构建章节知识体系。其次，在形成单元章节知识结构的基础上再形成专题知识结构网络。最后，在章节知识结构体系和专题知识网络的基础上构建学科综合知识结构和网络体系。

在课堂教学过程中，教师应根据本堂课设定的知识目标和方案，通过课堂教学过程中的师生互动，去引领学生对复习单元、专题知识进行归纳与整理，构建知识网络。同时，注重课堂师生的行为变化，“以情优教”，引导学生自主学习和探究，并及时点拨学生的学习方法，指导学生自主进行知识归纳整理、分析类比，使零散知识条理化、网络化、系统化，做到知识的纵向迁移、横向联系，从而构建知识网络。抓重点知识及在课本的出处，由学会知识为在实际练习当中运用知识。

【案例二】以中国明清时期的政治、经济、思想文化与同时期的西方国家的相关史实进行比较，以表格的方式构建知识体系。

教材模块	中国明清时期	同时期的西方国家
必修一	君主专制加强，废丞相设内阁；设军机处	英、美等西方资产阶级革命时代，近代民主政治制度的确立
必修二	资本主义萌芽产生；闭关锁国政策	开辟新航路，殖民扩张与世界市场的拓展
必修三	明清之际的早期启蒙思想；近代自然科学总结	文艺复兴、宗教改革、启蒙运动；近代自然科学兴起
选修二	封建制度走向衰落	英、美、法等国构建近代民主政治
选修四	康熙帝、中医药学家李时珍	美国国父华盛顿、近代科学之父牛顿

三、典型例题解析思路和知识整合

在备考复习教学中，通过进行“文字材料型非选择题”“图文混合型非选择题”“开放探究型非选择题”“热点专项型非选择题”等专项训练，注重引导学生积累知识、夯实基础，在教材细化、学法内化的基础上，要进行合理的与知识对应配套复习（专题）的相关考点或课标的专项训练，做到有效教学，真正体现“以练带点”“以练督学”。在专项训练中，注意引导学生运用所归纳的知识去解决新的问题，学会运用和体现学科的新史观、新观念、新思维，使学生由“学会”转变为“会学、会用”。

四、典型例题训练及师生互动交流

在复习教学中，通过“以情优教”，师生互动、讨论，对典型例题进行归纳比较；针对各类题型的专项训练与练习，“以练带点”，形成正确的解题思路和方法；在教学总结和反思过程中，“以练督学”，培养和提升学生运用知识的综合技能。

五、总结归纳及巩固提升

通过复习阶段“以情优教”“以练带点”“以练督学”的专题复习指导和综合训练，以讲练结合的形式，在探讨和实践课堂有效教学模式中追寻有效教学，共同感悟和践行新课程中的有效教学理念。在教学中不断实践、在实践中不断创新，真正体现历史备考课课型教学模式的教学有效性、针对性、实效性。

历史高考备考二轮复习的基本思路和对策

中学历史知识具有整体性（历史课程必须全景式地反映人类社会发展的面貌）与时序性（历史课程必须按照历史发展的时序来呈现）的特点。这种整体性，既是指历史的时空（时间上的古代、近代和现代，空间上的中国历史和世界各国历史）的整体性，也是指人类社会发展中政治、经济、文化等领域的整体性。在一轮复习全面梳理考纲考点的基础上，从时序与整体上依据不同史观合理构建不同于必修模块展示的专题体例的综合知识体系，有助于解决好二轮复习的范围、结构、层次、重难点以及呈现形式等问题。

二轮复习要结合“四情”（考情、班情、材情、实情）设计本轮复习内容。依据“考情”，立足考纲和课标，确定二轮复习的指导思想、内容范围，习题、试题的题型、类型；依据“班情”，关注学生层次，确定二轮复习内容的重点、难易；依据“材情”，结合现实，确定二轮复习内容中的“双基”知识；依据“实情”，注重实效，确定二轮复习内容的起点、进度等。

一、依据考试内容，合理整合史实

要明确基础知识的范围，做到历史史实纵向的迁移和横向的联系的有机结合，做到点、线、面有机结合。依托新课程考试说明、课程标准与教材，逐步细化高考考试知识的范围，即依据考试说明中的“考试范围”确定复习知识的“点”，依据课程标准中的“内容标准”（教材中“目”的内容）确定复习知识的“线”，依据教材中“单元内的每课知识”的内容确定复习知识的“面”，做到分解有据、有度，宏观与微观相结合，以利于进一步夯实基础。对教材知识的整合要由厚变薄，去粗取精，做到要点系统准确、概括简练。

1. 按时间的先后顺序纵向迁移知识

历史的发展具有典型的时序性。按时间先后顺序串联历史知识，能理顺知识点，把握基本线索，更能熟知历史的来龙去脉，起到明确历史发展线索，揭示历史变化规律的作用。

例如，串联资本主义世界市场的兴衰过程，可以从15—16世纪，新航路开辟，资本主义世界市场开始开拓；19世纪六七十年代，第一次工业革命完成，资本主义世界市场初步形成；19世纪末20世纪初，第二次工业革命进行，资本主义世界市场最终形成；20世纪20年代（第一次世界大战后），亚非民族解放运动的爆发和发展，土耳其凯末尔革命获胜，资本主义世界市场开始瓦解；第二次世界大战后，亚非拉民族解放运动向纵深方向发展，亚非拉独立国家日益增多，资本主义世界市场逐步瓦解；20世纪八九十年代，经济全球化趋势日益明朗化，资本主义世界市场进一步瓦解六个阶段使这一知识系统化。

2. 按历史事件的诸要素横向联系知识

历史事件的诸要素包括原因、背景、时间、地点、人物、经过、特点、性质、结果、意义或作用、评价等。横向串联历史知识，就是横向地把历史梳理清楚，为形成历史知识网络奠定基础。

例如，串联人民解放战争时期的历史，可以从国内和国际两个层面着手。从国内来看，政治上，国民政府与人民的矛盾上升为主要矛盾，国共两党由政治斗争发展为军事斗争，中国共产党最终获胜。国际格局上，美苏两极格局初步形成，雅尔塔体系建立，美国出台杜鲁门主义和马歇尔计划，企图独霸世界，稳定资本主义统治。

3. 按历史事件的不同角度整合知识

历史高考试题多从不同专题的角度进行命题，强调对知识的重组，体现命题角度的新视野、新变化。因此，在串联历史知识时，也要变换角度，整合、重组知识。这样，不仅可以温故而知新，还可以构建新的知识体系和网络，加深对历史知识的认知，更好地把握历史现象及其本质。

例如，串联中外构建和谐社会的知识。从构建和谐社会的层面看，有人与人之间的和谐、人与社会之间的和谐、人与自然之间的和谐。从构建和谐社会的内容看，有构建和谐社会的思想主张、构建和谐社会的行动和实践等。

二、明确线索和特征，建构历史结构体系

历史复习不但要客观地“复原”历史发展进程中的重大事件、现象和人物，而且要科学地揭示历史发展的规律与特点，并为现实和未来提供历史借鉴。从考查内容看，大多数非选择题的情境“贯通古今、融合中外”，既突出新课程的“专题”特点，更强调对历史线索与阶段特征的考查。二轮复习的知识结构，其主要组成部分源于教材——依存于教材中的基础知识，但还应高于教材——包括一些延伸性的、隐性的知识。

一是通史体系下各模块专题之间内在联系方面的内容。因为各模块教材内容是按专题史体例编排的，而新课程《考试说明》中“考试范围”内容是按通史体例罗列的，这就要求在一定程度上打通各模块内容之间的联系，适度深化对有关内容的处理，建立起通史基础之上的专题知识体系。为此，就要注意相同时期、相同阶段社会政治、经济、思想文化内容之间的横向知识的联系，注意对时代背景、阶段特征等内容的总结。需要指出的是，必修模块之间内容的联系整合要适度，切忌大量扩展通史知识；选考内容复习的两个模块，一般不要与必修模块内容进行整合。

二是相近专题内部总结出的一些规律性的认识、启示、结论等内容。只有这样才能保证新的复习专题内容层次完整、结构系统，宏观与微观结合，史论结合。

三是从影响文明产生与发展的地理环境、生产力、交往等要素，来审视历史发展进程中的重大事件；从文明的各种外显形式揭示其内在的实质，即在物质、社会与精神层面上综合审视文明史上的人与事；以历史发展的基本时序与因果逻辑关系来审视历史中的人与事，即将历史中的人与事置于特定的历史大背景中去看待。同时，建构起全方位、宽领域的历史意识。

三、注重新史观的塑造，规范解答问题

近几年高考历史试题以新材料、新史观、新角度、新情境等呈现和命制试题，试题往往以直接显示的方式或以隐性介入的方式，在不同程度上体现了以现实生活中的有关理论问题和实际问题立意命题的原则，引导考生关注人类

命运、国家前途和世界发展。例如，以人为本、善待生命的人文意识，崇尚科学、求真、求实的科学态度；认同民族文化、热爱祖国的责任感；理解和尊重世界优秀文明成果，包容开放的世界意识等。从形式上看，高考历史试题多以当今社会热点问题和人们普遍关心的问题立意，使试题根植于社会生活之中，让考生通过对历史问题的分析树立起现代价值观念。因此，二轮复习要适度拓展复习内容，即在一定程度上突破历史学科的时空范围，建立起历史学科与社会现实、其他学科的有机联系，一是与社会热点问题的联系，二是与政治、地理学科知识的联系，三是体现地方特色的内容。二轮复习时学生还要把历史考查的一些现代价值观念融会贯通，自然领会，如制度创新、社会改革、民主共和、理性爱国、生态文明、社会保障、民族团结、和平发展、建立有效政府、建立以追求公平和效率为目的的社会主义市场经济等。

二轮复习中要特别重视选择题基本解答方法和非选择题解题方法技巧的指导，不能简单地归纳讲解各种题型的基本特点和要求，要在影响解题的内容、条件限制词的含义及其基本内涵上进行归类、比较。历史试题中所含有的概念大致有两类：一是历史学科中常用的社会科学概念；二是历史学科试题中常用的限定解答内容和方式的概念。对这些概念理解的程度，直接影响到了审题的质量和答题的效果。对以上概念，应在日常学习过程中注意积累和掌握，并在练习中加深理解和运用，要用以往的高考题作例证，加强实用性指导与训练，使学生在掌握基础知识的前提下，提高分析解决问题的能力和学科成绩。

1. 提高选择题的解题能力

高考历史选择题的解题特别要注意以下几个方面的问题，即在审题时，弄清题目的时间、空间，题目涉及的历史现象的性质、立场、相关理论以及与教材的联系。

（1）弄清题目的时间信息。选择题一般会提供较为明确的时间信息，但也有题目的时间要素不是显性的，而是包含在题目的题干、材料或材料出处甚至是题目的释文当中的。这就要求考生必须充分利用题目的表述，运用所学的知识，结合教材，正确提取题目中有效的时间信息，确定这一历史现象的时间信息。

（2）确定题目的空间因素。历史事件、历史现象的空间因素即人类对历史事件、历史现象本身的纵向和横向观察。只有对历史事件、历史现象做纵向和横向的观察比较，才能明晰历史事件、历史现象的空间。

（3）把握历史现象的性质或立场。每道选择题，均涉及历史事件、历史现象、历史人物的性质，只有明确了历史现象的性质或立场，才能够迅速区分题目中的主要和次要、现象和本质等因素，才能够迅速确定正确选项。当然，确定历史事件、历史现象、历史人物的性质和立场时，不能一成不变地看问题。无论是历史事件、历史现象还是历史人物，都要实事求是地根据其所处的时代背景、社会环境，具体问题具体分析。因为，即使是名人、伟人，也会因为时代和阶级局限性，在认识某一问题时出现失误或偏差。反之，也不能不加分析地看待其他与自己在意识形态领域不一致的历史人物，他们也有保持公正客观的可能性。

（4）明晰题目涉及的基本理论。当前的历史高考选择题，越来越多地渗透马克思主义基本理论。因此，无论是哪种类型的题目，都必须分析其涉及的基本理论，选择题也不例外。考生在审题时，应自觉地运用生产力与生产关系、经济基础与上层建筑、阶级和阶级斗争、人民群众与英雄的关系等历史唯物主义的基本原理以及原因和结果、共性和个性、形式和内容、现象和本质、主要矛盾和次要矛盾、继承和发展等辩证唯物主义的基本原理去深入分析题目。

（5）找出所考查的知识点在教材中的位置。高考选择题尤其是材料型选择题，选材大多非常新颖独特。但无论怎样变换形式，都可以在教材上找到它的“身影”。因此，审题中回归教材，先确定其位置，对解题大有裨益。

2. 提高非选择题的解题能力

非选择题包括材料解析题和问答题，目前高考文综试题基本将这两种类型的题目合二为一，主要以材料解析题为主。材料解析题只有内涵式、外延式和内涵外延结合式三种类型的题目。

内涵式题目提示语往往有“根据（依据、据）材料××，分析（归纳、概括、提炼、叙述）××”这样的说法，解题必须完全依据材料。在解内涵式类型题目时，有时只要符合题意，“照抄”“摘抄”材料亦能够得分。但要注意，评分标准规定“整段抄袭材料不给分”。外延式题目提示语往往有“根据（或结合）所学知识分析（归纳、概括、提炼、叙述）××”，解题要联系教材所学过的知识，答案来自教材和所学知识，与材料本身无关。内涵外延结合式题目的提示语往往有“根据（依据、据）材料××并结合所学知识分析（归纳、概括、提炼、叙述）××”，解题时既要依据材料又要与教材相结合，两者都要兼顾，是历史试卷中难度最大的题型。

在回答内涵式问题时，常常要提炼、归纳、概括材料，这就需要把材料中的内容按其段落或句子，划分成几个不同的层次，然后把这些不同层次的内容提炼成自己所要回答的关键词、关键句。提炼的关键是要把一些文言材料或者分布在不同段落和不同句子中同一属性的内容逐一整合起来，升华为自己的结论。提炼要反映材料的共同属性，是对材料的本质归纳，而不是对材料涉及的历史现象的简单反馈。提炼、概括、归纳、划分材料，要特别注意句号、分号和省略号，因为这些标点符号一般都是材料层次划分的表现。

在回答内涵外延结合式问题时，既要充分地利用好材料，又要充分联系教材上的内容，特别要找到材料与教材的对应点，有的放矢地解决问题。在回答外延式问题时，要注意角度的提炼，多从政治、经济、思想等角度，根据题目的问题和分值确定答题的角度。从属性来看，“原因”类型题的角度通常有政治、经济、思想、文化或内部、外部、国际、国内、主观、客观、历史、现实等。“影响”类型题的角度则通常是直接的、间接的、当前的、深远的、国际的、国内的等。历史事件涉及多个主体时，还要结合多个主体的盛衰逐一分析说明。

在审题时应该注意：①审题目要求。②深入发掘题意，突破重点难点。③审题型。不同类型的试题，各有不同的特殊要求，答题形式和方法也不尽相同。④审问题重点。试题的问法，提问的方式、角度不同，答题的重点也就不同。确定答题的重点，有利于详略得当地组织材料，科学分配答题时间。

答题时应该注意：①观点正确，史论结合。答题既要反对缺乏分析的材料堆砌，也要反对缺乏史实的泛泛空论。②叙事有序，论证有力。答题时要做到按史实顺序、时间顺序、空间顺序、逻辑顺序作答，反对杂乱无章，颠三倒四。要抓住要点、切中要害，要言之成理、论证有力。③详略得当，要点全面。分值多及重点问题应该多答、详答，分值小及非重点问题应少答、略答，以繁中求简，杂中取精。④文字准确，条理清楚。根据题意和答案内容分段，一问一段，中间留有空间，以便检查时进行补充。⑤认真检查，及时改正。答完题后要认真检查，看看审题是否偏差，题意是否理解准确，题中要点是否答全，答案是否完整，是否有错别字等。

在答题时，还要做到答案规范化、答题序号化、每问段落化、内容要点化、重点条理化。“段落化”指作答时要按答题纸中的序号自成一个段落，使段落分明、条理清晰。“序号化”指回答问题的各个并列要点之间用1、2（或①②）之类序号分隔，使要点突出，一目了然。“整洁化”指卷面整洁、布局合理。答案要点要“全而美”，答案要点的关键句（词）优先。全：面全、点齐、话通。“面全”指所回答问题角度齐全。明显角度较易确定，碰到隐含角度时要根据平时分析问题的思路发散思维来确定。“点齐”指所回答问题的要点齐全。在把握不准的情况下，可根据问题赋分，依托材料情境尽力回答。“话通”指回答问题的语言应该言简意赅，史论结合，使用学科语言，避免过于文学色彩的语言。一般情况下，一个要点最多用2句至3句话表述即可。这样，使答题层次清楚，一目了然，争取获得老师阅卷的印象分。

高三二轮复习时间短、任务重，备考时要围绕“提高”做文章，全方位提高自己的考试能力与素质。具体要做到以下几点：全面提高，既要提高对基础知识的掌握程度，又要提高运用所学知识分析问题、解决问题的能力，同时保持良好的心理状态；全程提高，要做到学、练、考、补有机结合，保障学习环节的完整性；全员提高，要做到各学科之间的均衡发展，补弱促强，查漏补缺，争取“平衡之中有优势”。

强化三方面　回归于教材

“工欲善其事，必先利其器”，学会学习在高考备考的最后阶段尤为重要。复习时，既应该注重课本知识掌握的全面性，还应该注意知识细节的挖掘和拓展，将历史必修、选修教材中的每一章节及子目归纳为“点—线—面”知识结构予以梳理、归纳、综合，从而形成一个相对完整的知识结构和框架体系。现就2008年的历史备考复习重点谈谈自己的看法。

一、注重教材知识细节，挖掘隐性知识

针对考纲2008年比2007年变化较大的特点，在最后强化专题复习阶段，应倍加重视课本、回归课本，同时，可以从现有的复习资料、练习中总结归纳出同类知识专题，结合专题内容及学生的思维特点，在源于教材又高于教材的基础上整合教材，挖掘出材料中的隐性知识。尤其不能忽略小字、图片资料，以及专题补充材料。

二、突破材料题型，解析三个环节

在解析材料题时要牢牢抓住三个环节。第一个环节是读题，这是前提：读题时一是要读懂材料（尤其是文言文）；二是要掌握材料的出处（时间、人名、国籍、著作等），明确解题的两个依据及材料本身和课本知识。第二个环节是关注题目，即审题，这是关键环节：注重“审题—思路—筛选—条理—整合”环节。同时，在审题、解题的过程中还应注重两个要素：一是源于材料本身；二是依据材料提示的信息点回归课本。第三个环节是答题，这是根本环节：在答题时按条件、分值要求答题。这要求要把握答题的两个要素（限

度）：最大限度地提取材料本身信息（包含的知识点）和最大限度地实现材料本身信息与所学课本知识的结合。还要学会利用草稿纸，有序地罗列答题知识点，切忌盲目答题。

三、关注热点问题，做到历史与现实的有机统一

在关注这一年内与课本知识结合紧密的热点的同时，更应关注那些长效性的有重大影响的持续性热点，把“现实问题”和“时政要点”结合起来，如马克思160周年诞辰，改革开放30周年，1898年戊戌变法、戊戌政变、义和团运动兴起，1978年关于真理标准问题讨论、十一届三中全会的召开、全国科学大会的召开，1988年海南全省成为经济特区，2008年北京奥运会、美国大选，中日关系、中美关系、中俄关系，朝鲜、伊朗的核问题等。在基本上能运用课本知识对热点问题进行分析的基础上，将现实热点问题专题化，实现基本知识与具体时政材料的结合，还可以对平时训练中的类似题型加以思考和借鉴，以构成新的知识体系。

浅析对历史有效备考的认知与思考

——以历史必修一教材的备考为例

随着高考命题的变化，高考命题的考查越加注重“培养学生获取和解读信息的能力和各类题型的规律性解题技术”的层次和要求。从历史高考的命题来看，高考命题者过多考虑命题的操作性，而忽视对课标和教材的依托，片面强调了考纲的指导性，这势必对历史教学产生很大的影响。

为了应对高考，教师要正确地认知课标与教材，进一步做好认真备考工作。正因如此，笔者试图借助历史名师工作室，与学科教师同人针对历史必修一教材，围绕学考和高考进行“教与学”备考的研讨与交流，以期得到正确的认知和思考。

一、对教材的整体认知

（一）解读历史必修一模块的主要知识与能力目标

《普通高中历史课程标准（实验）》（以下简称《课标》）提道，“历史必修一着重反映人类社会政治领域发展进程中的重要内容”，可以说《课标》概括了必修一的基本内容，以及在人类历史中政治活动的重要性及其与人类其他活动之间的相互关系和相互影响。

根据《课标》，明确本模块学习的目的：一是了解人类历史上重要政治制度、政治事件及其代表人物等基本史实，正确认识历史上的阶级、阶级关系和阶级斗争，认识人类社会发展的基本规律；二是学习搜集历史上有关政治活动方面的资料，并能对相应资料进行初步的归纳与分析；三是学会从历史的角度来看待不同政治制度的产生、发展及其历史影响，理解政治变革是社会历史发展多种因素共同作用的结果，并能对其进行科学的评价与解释；四是理解从专制到民主，从人治到法治是人类社会一个漫长而艰难的历史过程，树立正确的唯物史观。

（二）认知历史必修一模块的结构

必修一模块的编写遵照《课标》指定的学习要点，采用专题体和中外合编的方式，全书共分八个专题。

在中国历史方面的四个专题分别为：古代中国的政治制度、近代中国反侵略求民主的潮流、现代中国的政治建设与祖国统一、现代中国的对外关系。这些专题基本上都是围绕某历史阶段最为突出的主题、以时间为序展开论述的。

在世界历史方面也设有四个专题：古代希腊、罗马的政治制度，欧美资产阶级代议制的确立和发展，从科学社会主义理论到社会主义制度的建立和当今世界政治格局的多极化趋势。各个专题之间，特别是前三个专题之间，不但有着历史发展的时间逻辑，也有学科内部的科学逻辑。

（三）重视探究学习能力

除解读知识目标外，能力的培养同样受到重视。《课标》强调："普通高中历史课程的设计与实施有利于学生学习方式的转变，倡导学生主动学习，在多样化、开放式的学习环境中，充分发挥学生的主体性、积极性与参与性，培养探究历史问题的能力和实事求是的科学态度，提高创新意识和实践能力。"

设置探究活动课的目的，是希望学生初步了解历史学习和探究的过程与方法，锻炼学生运用知识、收集历史资料、获取历史信息及组织表达等能力。

（四）理解必修一模块与其他模块之间的关系

唯物史观认为，政治是经济的集中体现。作为人类社会生活的重要组成部分，政治活动与社会经济、文化活动密切相关、相互作用。所以，在进行教学时，首先要对另外两个必修模块进行研究，相互参照，这样不但能够做到心中有数，而且能够加深对政治问题的理解，如历史必修一的第六单元"现代中国的政治建设与祖国统一"与历史必修二中的第四单元"中国特色社会主义建设的道路"；历史必修一的第八单元"当今世界政治格局的多极化趋势"与历史必修二的第八单元"当今世界经济的全球化趋势"之间都有着密切的联系。

备课时应适当注意相互参照、相互联系，从不同的视角全面、客观、深入地认识问题。

（五）把握必修一模块需要注意的问题

本模块专题比较多，而且历史跨度大，中外兼顾，对该模块进行把握时需要注意如下问题。

1. 注意教材的新内容

教材内容相对集中，新知识点也专深些，如从汉至元政治制度的演变、罗马法、法国1875年宪法、德意志第一帝国宪法等。《课标》对世界古代中世纪没有任何交代，在初中课标教材中铺垫也很少，学生对欧洲封建国家的产生没有任何了解，对欧洲封建社会的政治特点也没有知识储备，因而不易深入理解资产阶级代议制度产生的艰难性、曲折性和历史进步性。（教学时从宏观上把握）

2. 注意教材的新概念

教科书上出现了许多新概念，如宗法制、资产阶级代议制、罗马法等，这对学生来说是全新概念，也属于比较专深的知识。这就要求我们能详略得当地对这些新概念进行讲解。例如，第三单元讲到资产阶级的代议制（英国、美国、法国及德国），在教学时，要突出各国行政权力和立法权力之间的关系，注意这样的政治制度表达资产阶级意志和利益的程度；注意比较教材所涉及的资本主义各国政治制度的共性和个性。（教学时突破教材的重点、难点及疑点）

3. 注意教材新史观的运用，正确把握教材知识

教材的编写是依据我国史学界的主流观点，对教材使用的同时也引入新史观。主要有整体史观（或全球史观）、文明史观、近现代史观、唯物史观、革命史观、社会史观等。

如对资产阶级代议制的评价问题时，要以历史唯物主义（唯物史观）为指导，对资产阶级代议制度在西方政治发展的作用做出恰如其分的评价，既要注意资产阶级代议制度对封建制度而言显现的民主性、进步性，对资本主义发展的推动作用，也要充分了解它的历史局限性。尤其需要强调的是从人类历史的发展方向和终极目标来讲，它既不是完美的，也不是理想的制度。

注意中国历史与世界历史之间的联系，不要割裂中国历史与世界历史之间的关系。学会运用整体史观（或全球史观）、文明史观、近现代史观等。只有这样，才能在各专题之间形成有整体感、有逻辑联系的历史知识体系。

二、设计和立足教材，以利于组织历史教学

（一）对教材的整体认知和运用

教材采用“单元”形式来组织历史教学，所构成的知识体系突出的特点有三点：一是在知识处理上更加灵活。一个模块就是一个相对完整的知识教学系统，内容相对独立，便于调控和整合。二是知识的专题性和包容性突出。每一个主题突出，贯通古今，融汇中外，涵盖性强。三是知识的选择性和个性化明显。设置了探究活动课，有利于学习的个性化，同时，也为学生提供历史学习的多种选择。

总之，模块化教学有利于优化课堂教学，提升学生认知层次。

（二）对教材新体例新内容的认识

1. 做好知识的衔接和转换

现行教材是对以往的教材的继承和创新，也与初中教材相衔接。在教学中，有很多教学内容是学生熟知的、经常运用的史实。教师凭借历史专业素养、知识储备及教学实践经验，可以胜任教学任务，其教学也应该是“轻车熟路”。

从学生的角度来看，很多内容，包括中国和世界历史的基本阶段和发展线索、重要的历史事件、任务和现象等，在初中历史教学中已经有了初步的接触和了解。

2. 转变教学观念

现行的初中教材形象生动、内容丰富，而现行的高中教材理论分析陡然加深，原有的知识储备明显不够，因而高中历史课时也明显不够。经过一段教学实践的摸索，发现问题的根子不是出在知识上，而是出在观念上。教材的内容是可以选择和取舍的。教学就是借助教材提供的史实素材，让学生在掌握知识的同时，训练思维，提升认识。初高中教材的衔接，关键看教师吃透教材、运用史实的能力。教学观念不变，教完教材，教学目标可能没有完成；讲完了课例，学生的学习方法和技能可能没有得到训练。因此，必须实现教学观念的转变，从这一角度上看，教材的改革，会引领历史教学向更高层次探索和发展。

（三）认知教材内容出现的新变化

教材的知识层面的变化体现在以下两方面。

1. 对原有知识结构的拉伸和压缩，这必然带来知识结构的再充实和凝练

“拉伸”就是原有的一个知识点，被扩充为一个知识段，一个知识段被扩充为一个知识线，几条知识线交织成一个知识面。

以第六单元“现代中国的政治建设和祖国统一”为例，教材将散见在各章节的民主法制内容扩展为两个课题，即第20、21课，从而实现集中表述，加大知识含量，拓宽史学视野，挖掘思想内涵，强化教育功能。知识在专题的影响下，被明显地“拉伸”了。

相对地，第一单元第三课“从汉至元政治制度的演变”，将原来从汉朝至元朝的政治制度内容，压缩到一个课题进行集中表述，知识重新排列组合，主线更加突出，知识更加凝练，认识得到提升。

2. 知识的专题化、学术化明显

现行教材，通过对知识的深挖形成专题，围绕专题组织史实，围绕专题形成知识结构，依托专题对学生进行思维训练并使学生形成认识判断。这样，教学内容的学术性、思辨性也能够由此得到加强。

（四）教材教学的设计与处理

教学设计，涉及教师的教和学生的学，融知识、能力、方法和思想认识于一体。这里我们关注的是如何通过教师的教，更好地促进学生的学，从而实现以教启思，以教导学。

以第一单元的第一课“古代中国的政治制度”的教学为例。首先确定知识教学的分项目标，从知识的教与学开始帮助学生形成感性认识，做到知识的点、线、面相结合。这一课应该掌握的知识点：夏、商王位世袭制；中央地方官职及管理制度；西周的分封制和宗法制。连接知识点形成知识线索：夏商周政治制度的演变。铺线形成的知识面：中国早期国家政治制度概貌，包括王位世袭制、中央官制、地方官制。同时，理解本课的教学重点（世袭制、分封制、宗法制）、教学难点（分封制和宗法制的关系）、教学疑点（分封制和宗法制是不是中国古代社会独有的历史现象）。教学的过程就是要抓住重点，突破难点，澄清疑点，落实好知识点。

在掌握知识的同时，相应地，要对学生进行方法和技能的训练。可以运用归纳、概括的技能和方法。从知识层面：归纳王位世袭制的表现；概括分封制和宗法制的内容。从技能和方法的层面：比较分封制和宗法制，探寻其内在的联系，概括其特征。从认识的层面：在前面归纳概括的基础上，得到早期国家制度的一般性认识（以宗法制为核心，以分封制为治理国家的基本形式，以世卿世禄制为选拔官吏的基本形式）。

此外，如第一单元第四课“明清君主专制的加强”的内容，则可以从因果关系的角度训练和培养学生掌握一般历史思想的方法。（探因求果：对本课三个教学目可以探究上述现象出现的原因，即如何妨碍皇权集中，上述历史现象产生的结果，即君主专制的空前强化）

任何教学的过程都是知识、方法、能力和思想认识的统一，因此，要注意两点：一是强调备课线索，抓住主线；二是授课时关注学生活动。

（五）教材探究的方法

1. 课前导读“探究的主要问题”和课后的“学习延伸”中的“探究活动”

“探究的主要问题”应紧扣本课主干知识和核心内容，即用问题的形式引导学生沿着设问思路来把握课文主体内容。“探究活动”是课内学习活动向课外的延伸，重在探究和体验以及方法和过程。两种“探究形式”结合，构成学生自主学习的重要方面。

2. “学思之窗”

教材提供一段资料，设计一个至两个问题，训练读取资料、分析问题、得出结论、形成观点的能力。鼓励学生在开放式的学习环境中主动探究、自我完善，培养学生的科学态度、科学方法和科学精神。

3. “历史纵横”

教材提供一段与教学相关的学习内容，读来有趣，学来受益，起到拓展史实、开阔视野、汲取历史智慧、涵养人文素养的作用。教材强调知识的教育功能，教材提供给学生的是有教化价值的知识系统。

三、利用教材备考所带来的启示

（一）进行教学设计要重视几方面的转变

（1）必须重视进行模块的整体教学设计（把握教学的“预设”与

“生成”）。

（2）必须重视围绕一定的“主题”来设计和组织相应的教学活动。

（3）必须重视将课程内容以“问题化”的形式呈现，引导学生在问题情境中寻找和解决问题。

（4）必须增强课标和考纲意识，强调要围绕教学的主题内容对教材进行必要的再加工。

（5）必须重视“因材施教”，依据班情、学情，进一步体现对学生学习方式转变的引导。

（二）注重教学设计所带来的认识

（1）根据对学习主体的分析，大胆地整合和设计自己的教学单元。例如，第二单元第六课的设计为“罗马城的罗马—意大利半岛的罗马—地中海的罗马”来组织教学；第三单元第七课的设计为“追求民主—建立民主—完善民主”来组织教学。

（2）基于对学习内容的研究，将对教材内容的记忆和理解变为主动探究的学习情境。也就是将材料内容进行问题化处理，并且将“问题”情境化。

（3）恰当地调控学习过程的意识和能力。

（三）课堂教学行为出现的问题带来的思考

课堂教学行为出现的问题。

（1）三维目标确立与教学目标虚化。

（2）课程资源开发与教学内容泛化。

（3）学生主体性的发挥与教师使命的缺失。

（4）教学方式多样化与教学过程形式化。

作为高中历史教师，尤其针对今年高考大纲新变化，应针对学生普遍在材料信息提取和综合运用材料逻辑分析推理解决问题能力偏弱的实际，在设问方式上多采用全国卷常用的设问方式，如背景、原因、比较、意义、作用和评价等。此外，还需要把握所谓“历史教育”，以促进以人的生命整体质量不断获得发展为根本追求的学科教育。

有效迁移历史知识，提升解析史料技能

——略谈高考历史学科的有效备考

随着近年来高考历史综合程度的不断提高，学生在复习和掌握历史知识的过程中常出现识不清、理不顺、串不明等缺乏对历史知识的系统把握和认知的情况，这成为学生复习过程中的有待改进的不足之处。怎样实现历史知识的有效迁移，形成对系统知识体系的掌握与运用，不断提升学生应对材料解析题的综合能力是我们必然要面对的问题。

一、有效迁移知识，多维度构建知识体系

（一）运用时序性思维纵向迁移知识

学习历史学科须具有时序性思维，这就要求在学习中按时间先后顺序迁移历史知识，做到把握基本线索，进一步明确历史发展趋势，揭示历史发展规律。

例如，对必修二第二单元“资本主义世界市场的形成和发展”的知识迁移，通过教学实践将之归纳为资本主义世界市场形成的“四步曲”。这“四步曲”是：十五六世纪的新航路开辟，即资本主义世界市场开始形成；十六七世纪的殖民扩张和世界市场进一步扩大，即资本主义世界市场进一步扩张；19世纪中期的工业革命完成，即资本主义世界市场基本形成；19世纪末20世纪初第二次工业革命的开展，即资本主义世界市场最终形成。通过这“四步曲”迁移知识，实现对这一单元知识的系统化、条理化。

再如，在学习必修一第六课“罗马法的起源和发展”，可以利用文综史地学科的结合，利用教材地图将之归纳为：奴隶制共和国（罗马城）的罗马—意

大利半岛的罗马—地中海的罗马，由此来厘清罗马法的起源和发展的顺序。

（二）按照史实的要素，横向迁移知识

历史事件（史实）的要素包括原因、时间、地点、人物、经过（内容）、结果、作用或影响等。横向迁移历史知识是横向地把历史史实加以梳理、整合，以利于形成历史知识网络体系。

例如，学习“罗马法的起源和发展”时，除利用文综史地学科的结合外，还可以将罗马法的发展归纳为三个趋势或阶段：由习惯法到成文法，由公民法制到万民法，从零散到形成体系。

同样，对罗马法发展演变的规律性认识还可以归纳为：一大核心、两个标志、两组矛盾、两个角度、三个因素。（一大核心：维护奴隶制和私有财产神圣不可侵犯。两个标志：《十二铜表》和《民法大全》。两组矛盾：贵族与平民，罗马人与被征服民族。两个角度：从习惯法到成文法，从零散到形成体系。三个因素：罗马的扩张，缓和贵族与平民矛盾，调整罗马人与被征服民族的关系）这样通过进一步对教材横向迁移知识，有利用形成历史知识网络体系。

（三）运用新史观来迁移知识

历史高考多从不同角度进行命题，强调对教材知识的拓展与整合，尤其是高考对新史观、新材料、新情境的创设和命题，体现了命题角度的新变化、新视角。因此，应学会运用新史观迁移历史知识，多角度、全方位地对历史知识加以整合；应立足教材，并结合新史观，搭建新的历史知识网络体系；加深对历史知识的认知和理解，以利于进一步把握历史（史实）的现象及本质。

例如，运用新史观来确定世界近代史开端，从革命史观视角看是1640年英国资产阶级的革命，从文明史观、全球史观视角看则是15—16世纪的新航路开辟。

同样，用新史观分析第一次工业革命、第二次工业革命的影响，从革命史观看第一次工业革命实现了从自然力到蒸汽力（机械力）的革命，第二次工业革命实现了从蒸汽力到电力的革命。从全球史观看，第一次工业革命使全球市场初步形成，第二次工业革命使全球市场最终形成。从文明史观视角看，第一次工业革命开启了工业文明，第二次工业革命开启了现代文明。从近现代史观视角看，第一次工业文明推动了生产力和近代化，第二次工业革命使人类逐渐实现了近代化。

（四）结合思维导图及纵横向比较迁移历史知识

在复习教学中，通过对历史史实纵向与横向的联系与比较，通过自主学习，实现对历史知识的迁移，构建思维导图。真正的问题在于“发现”，找到知识的断层与不足，这就需要静心读书、用心思考，找出不足和症结所在。而完善知识体系，最好的方式就是利用思维导图构建知识网络体系。纵向与横向综合比较法在学习中比较常用，所谓纵向与横向综合比较法，就是将纵向比较与横向比较结合起来进行迁移知识的方法。例如，比较两次工业革命，可以列出表格加以直观的比较。再如，选修三中两次世界大战的比较，既可以列表加以比较，也可以从战争爆发的原因、战争性质、交战双方、重大战役、战争结果、影响及战后国际关系变化等角度比较两次世界大战的不同点，从而形成一个有助于记忆的较完整的知识体系。

又如，选修一中比较项内容“比较1861年俄国农奴制改革，日本明治维新和中国的戊戌变法的异同”，这就要求在掌握这三项重大改革的同时，运用纵向与横向综合比较法，从相同点、不同点进行纵向知识与横向知识的比较和综合。相同点可从三项改革的背景、目的、途径、内容、性质、作用等方面加以归纳；不同点可以从三项改革的背景（可分为国际、国内背景），改革的内容或措施（具体为政治、经济、文化教育、军事方面）结果、评价，改革者的实力、措施的有效性等方面，分别加以纵、横向知识的比较，做到知识的迁移。

同样，以“工业文明冲击下向近代化转型时期”中外改革的特点，来整合以上知识，从经济上（市场化、工业化）、政治上（民主化、法治化）、思想文化上（科学化、理性化）、军事上（现代化）、社会生活上（文明化）等方面加以归纳、比较，实现历史知识迁移，以及对历史知识的综合和运用。

（五）用数字法、快忆法、归纳法等形式迁移知识

数字法、快忆法、归纳法可以用于教学实践中对知识进行总结与归纳，数字、口诀、绕口令、歌谣等形式既便于记忆、理解，又易于对相关知识进行迁移并加以整合，有利于提高学习效率和学习效果。

例如，学习“中国民族资本主义的曲折发展”时，可以将其发展历程归纳为：婴儿期—少年时期—青春期—中年时期—老年期—获得新生期。

再如，罗斯福新政新的表现用快忆法可归纳为“四新”：新理论为凯恩斯主义理论，新特点为国家干预经济（或国家加强对经济宏观调控），新起点为发展国家垄断资本主义，新模式为开创国家干预经济的新模式。

又如，“罢黜百家，独尊儒术”中的“一二三四五”。“一需要”：适应汉武帝加强中央集权的需要。“二主张”：提出“春秋大一统”“罢黜百家，独尊儒术”的主张。“三学说”：宣扬“君权神授”，提出“天人合一”“天人感应”学说。提出“三纲五常”：“三纲”为“君臣、父子、夫妻”的关系；“五常”为“仁、义、礼、智、信”。儒学成为正统的四步骤：儒家学说成为选官的标准、儒家经典成为教科书、兴办太学、设立郡国学。

通过迁移把历史知识联系起来的方法和思路很多，这在于平时的教学实践与积累，以期达到优化课堂教学，关注课堂师生行为变化，有效迁移知识，提高课堂教学的有效性和实效性的目的。

二、正确解读史料，提升解析技能

（一）从高考视角看材料型试题类型及变化

从2016年、2017年这两年的考纲及高考变化来看，总的来讲，文综历史的考试内容和题型虽有变化，但无实质内容变化。针对材料型的选择题的数量与内容并无变化，只是在考核目标与要求及题型的表述上有所差异，如将“理解历史事实，分析历史结论”改为“理解历史叙述与历史结论”，将“说明和证明历史现象和历史观点”改为“说明历史现象和历史观点”等。同样，材料型的非选择题的数量并无变化，只是在试卷内容上删除选修模块中“近代社会的民主思想与实践”内容，但在考核目标与要求及题型的表述上也有所差异。同时，在能力考查方面也有变化，如将“准确描述和解释历史事物的特征”改为“正确解释历史事物”，将“使用批判、借鉴，引用的方式评论历史观点”改为“论证历史问题”等。

针对高考材料型的选择题与非选择题两种题型的考查，在解析材料型试题时，笔者将之总结、整理并归纳为“五题”的解题“五环节”，即阅读材料题，解析材料题，审清材料题，理顺材料题，答好材料题等环节。这解题的“五环节”基本适合用于以上两种题型。针对材料题，尤其是材料型的非选择题，只要认真去阅读、去思考，掌握解题思路和方法，做好材料型试题并不难。

（二）提升选择题的解题技能

可以说，对材料型试题的解题技能方面借助解题的“五环节”的把握，有利于师生解答材料型试题，尤其是材料型选择题要从以下几方面加以关注和总结：做到在审题时，厘清题目的时间、空间范围的限制条件，针对题目所涉及的相关史实、性质、态度、观点以及与教材的联系。

1. 审题环节须厘清题目的时间、空间范围的限制条件

选择题一般会提供较为明确的时间、空间信息，但也有的试题题目时间要素不是显性的，而是隐性地以包含在题目的题干、材料或材料的出处等形式呈现。这就要求师生必须充分利用题目的表述，运用所学知识，正确提取题目中的有效信息，确定相应史实的时间范围。

同样，只有明晰试题题目中的历史事件、历史现象的空间因素，即人类对历史事件、历史现象本身的纵向和横向的观察，才能明晰历史事件、历史现象的空间概念。

2. 正确把握历史现象与本质的关系及涉及的史观

试题一般均涉及历史事件、历史现象、历史人物等，只有明确了它们的性质和立场，审清题意，才能够迅速做出判断。无论是历史事件、历史现象还是历史人物，都要实事求是地依据其所处的时代背景、社会环境，做到具体问题具体分析，尽可能地忠实于材料，“材料是什么就是什么”。同时，近年高考选择题更多涉及新史观。这要求教师引导和促使学生从不同的视角、用不同的方法，去认知历史史实以期探究历史问题。针对高考历史选择题所体现的“新史观”，要学会分析其涉及的相关理论或观点，尤其是学会运用唯物史观，做到学科之间的知识迁移和联系。

3. 材料与教材的有机衔接

高考选择题尤其是材料型选择题，越来越呈现出新材料、新情境、新史观的特点。但是无论题目的设置、问题的考查怎样变换形式，都可以在教材中找到它的“影子”，即“源于教材”“高于教材”。因此，审题时回归教材，确定材料在教材中的对应内容，相互印证、相互比较，做到材料与教材的有机衔接。同时，针对材料型选择题的考查形式呈现出多样性、综合性，提出了更高、更新的要求，不仅要做到材料与教材的有机衔接，而且要做到“文史哲”不分家，以及“政史地”学科的知识迁移、相互联系、交叉渗透和有机衔接。

（三）提高非选择题的解题技能

非选择题的题型主要是以材料解析题为主，又分为内涵式、外延式和内涵外延相结合的混合式三种类型。简单来讲，内涵式题目解题时主要是依据材料，立足材料，组织答题。外延式题目解题时主要是依据教材或所学知识，立足教材，组织答题，与材料本身无过多的联系。混合式是内涵式和外延式的有机结合，解答混合式题目时，既要依据材料，又要与教材相结合，是“二合一”，也是三种题型中难度最大的题型。

因此，对于解析材料型非选择题，应针对不同类型的史料有的放矢，从解题“五环节”入手，进行认知和把握，并加以运用，做到学以致用，提升解题技能。

三、解析材料型试题必须关注的方法与思路

近年来的高考文综历史学科的材料解析题，其材料的选材和设置体现出新材料、新情境、新史观的特点。材料所涵盖的内容更加广泛丰富，同时，针对材料型试题的考查形式呈现出多样性、综合性、跨学科性的特征，这不仅体现了材料与教材的有机衔接，而且体现了“政史地”学科的交叉渗透和有机衔接。因此，解析材料题必须关注一个核心，两个依据，三个来源，四个审题要求，五个解题环节。

一个核心：是史料的正确解读。读懂和透彻理解材料，无论是历史事件还是历史现象，都要实事求是地依据其所处的时代背景、社会环境，做到具体问题具体分析，尽可能地忠实于材料，“材料是什么就是什么”。

两个依据：依据材料本身与依据材料出处。在解读材料时，带着设问仔细阅读材料，将材料读懂读透。首先依据材料本身所包含的所有信息（包括材料涉及的时间、地点、对象、事件等史料信息）；其次依据材料本身提供的材料出处。这样在阅读材料时，注意对材料具体问题做具体分析，做到阅读材料时能充分提取材料所提供的有效信息。

三个来源：根据不同的材料类型和题目设问组织答题，一是答题主要源于

材料本身，立足材料，组织答题；二是答题主要源于教材本身或所学知识，立足教材，组织答题，与材料本身无过多的联系；三是答题主要源于材料本身和教材本身或所学知识。既要依据材料，又要与教材相结合。

四个审题要求：审要求、审题意、审题型、审重点。在审题时应该注意以下几方面：一是审清题目要求；二是领会题意，突破重点难点；三是审题型，不同类型的试题有不同的要求，答题形式和方法也不尽相同；四是审重点，试题的问法、设问的方式与角度不同，答题的重点也就不同。审题时回归教材，确定知识点，有助于正确地解题、答题。

解题的“五个环节”：一是阅读材料题，这是解析材料题的前提；二是解读材料题，这是解析材料题的核心；三是审清材料题，这是解析材料题的关键；四是理顺材料题，这是解析材料题的保障；五是答好材料题，这是解析材料题的归宿。

认知历史材料题题型及操作

一、历史学科在高考全程复习课的两个终极目标

高三历史全面复习和专题复课过程中必须达成的两个终极目标。

（1）对所学课本知识进行全方位、多维度、多层面、分阶段的复习，夯实基础知识。

（2）训练考生熟练掌握及运用正确、到位的分析和解答问题的步骤与方法，提高解题技能。

二、复习基础知识和专题知识的基本方法

无论是基础知识还是专题知识的复习，都应该要求考生必须做到以下两个方面。

（1）落实好三个步骤：线索要清晰、要点要准确、知识点要到位。

（2）把握好四个环节：熟悉、理解、掌握、运用。

在高三复课过程中，考生在课本知识或专题知识的复习过程中，须把握好四个学习环节，熟悉、理解、掌握、运用四个环节联系密切，缺一不可。熟悉课本是复习的基础，熟悉课本的程度决定着考生理解和掌握课本的程度，对课本知识的熟悉，有助于对所学知识的理解，理解课本知识的程度有助于对所学知识的掌握，不再机械地记忆知识了。而熟悉、理解和掌握课本知识的终极目的是运用，即能在考试时灵活地运用所学知识，正确、到位地分析和解答所遇到的每一个新问题。

三、训练考生熟练掌握和运用解答问题的方法与步骤

1. 选择题

（1）选择题的题型及分布

① 题型：a.常规类选择题（正向、逆向）；b.材料类选择题（文字类材料、统计数字类材料、历史图片类材料、历史地图类材料）；c.组合类选择题（多项选择题的变形）；d.比较类选择题、程度选择题等。

② 分布：a.串题（或称组题）；b.单列选择题。

（2）操作选择题的步骤、方法与技巧

一般地说，高考选择题所设置的问题，都与课本中的所学知识具有直接的联系。这类试题在文综试卷的选择题中占有相当大的比例。解题时要严格按照以下四个步骤来操作。

首先，要对每一道选择题的题干进行准确、到位的分析，细读2—3遍，确定时间、地点、人物、事件等历史要素的限定，把握好每一个关键词组。

其次，要明确题目的知识考查点是什么（问题是什么，要回答什么），高考选择题的指向性都十分明确，指令性也很强，只要细心，就不容易出错误。

再次，就是要将所需回答的问题指向历史课文中的相对应的部分，即从头脑的“记忆库”中，提取与问题相关的课本知识，答案就自然生成了，这一步对基础知识的要求较高。

最后，认真、仔细地分析和解读选项，确定正确答案。例如，组合类选择题、比较类选择题、程度选择题、逆向选择题等。（对个别与所学知识差距较大的试题，即课本知识中没有明确表述的或者根本没有表述过的问题，也可按上述步骤和下面所提示的其他方法去认真分析。）

（3）操作选择题的步骤、方法与技巧

做到具体问题具体分析、具体解答，还有一些其他的解题方法可以使用，如有效信息获取法、排除法、择优法和确定题干与选项相互间的关系（如因果关系、并列关系、外延与内涵的关系、接近程度）等。

2. 非选择题

（1）非选择题的题型及类型

① 题型：以各类新材料、新情境的设置和问题立意的设问为主。

② 类型：以材料类非选择题为主，其主要类型为：文字类材料、统计数字类材料、历史图片类材料、历史地图类材料等，有时这些不同类型的材料会在同一道试题中以不同的有机组合方式呈现。

（2）操作非选择题的方法与技巧

① 准确记忆基本史实和历史概念，是运用历史知识阐述非选择题的基础；解读、获取、处理和运用有效历史信息，是操作非选择题的基本技能；精准地分析每一个新问题，是成功解答非选择题的前提条件；按设问要求运用历史学科语言，准确、到位地表述问题，是成功解答非选择题的关键。这四个环节也是相互联系、相互促进的。

一般地说，文综试卷中的非选择题，对历史知识再认、再现能力的考查比较突出。虽然，一些主观性试题，设置了新的问题情境和素材，需要通过解读试题中提供的相关材料来获取有效信息。但是，解读和获取信息不可缺少的依托，仍然是建立在对所学历史基础知识的熟悉、理解和掌握程度上。可见，是否能够准确地记忆和熟练地运用历史基础知识，是高考时非选择题能否取得高分的前提条件。

近几年来的历史试题中，呈现出提供大量新材料、新情境和新问题设置的趋向，以考查考生解读和获取信息、处理和运用信息的综合素质能力，以凸显考生分析和解决问题的思维能力。这也符合《考试大纲》中规定的“获取与解读信息、调动和运用知识、描述和阐释事物、论证和探讨问题”等能力的考核要求。对信息的获取、处理和运用是否得当，直接影响着解答非选择题的速度和质量，影响着非选择题的得分高低。就历史学科而言，解读和获取信息，是指从文字、历史地图、历史图片和统计数字等形式的材料中，发现和提取与设问相关的有效历史信息点。

对史料的解读能否正确、到位，准确地分析每一个新问题（包括材料和设问），一是取决于考生能否将知识与能力相结合；二是取决于考生能否将所学知识和从材料中获取的有效信息相结合；三是取决于考生能否将材料中的有效信息和设问相结合。

② 材料类非选择题具体操作的步骤与方法。

一是读题——读通、读懂材料，读到位：读通材料，指读出材料的历史表象，即材料说了什么；读懂材料，指揭示出材料的历史本质，即材料说的是什么；读到位（两个到位），一是指把握住每一段材料中共蕴含了几个信息点，二是指把握住某几段材料之间内在的、本质的联系。

二是审题——审清题干：包括确定一个问题的起止时间、地点、主干语（答题的重点范围）、答项语（侧重回答的角度）、明确答题方向（找到答题的切入点，明确从哪几个方面或角度去回答，分哪几个层次、段落，课本中有哪些知识点可以作为依托），进行规范化作答。

三是解题——排除干扰，提取有效信息点：回答问题时，只需从各类材料中提取与本题答项语相关的有效信息点，排除干扰信息。

四是答题——规范化作答：序号化、要点化、段落化，力求答题思路准确，条理清晰。

从理论上讲，非选择题具体操作的步骤与方法分为上述四个方面，但在实际操作中，这几个方面是相辅相成、相互融合、相互联系的。

此外，还需注意读题的两个关键：一是读懂材料（尤其是文言文）；二是材料出处的掌握（时间、人名、国籍、著作等）。

解题的两个依据：一是材料本身；二是材料的出处。

答题的两个重心：一是最大限度地提取材料信息（本身）；二是最大限度地与所学课本知识结合。

历史考前梳理综合强化“四环节”

在文综历史学科备考的最后阶段，针对考纲变化小的特点，综合演练和复习亟须把握以下环节。

首先，立足教材，提炼核心考点。掌握好核心基础知识，是实现学科内综合的前提。复习时，既要注重课本知识掌握的全面性，还应注重知识细节的挖掘和拓展，将教材中的每一章、节及子目归纳为“点—线—面”知识结构予以再梳理、归纳、再综合，从而形成一个相对完整的知识结构和网络。

其次，整合教材，强化专题训练，在最后强化专题复习阶段，应倍加重视课本，回归课本，同时可以从现有的复习资料、练习中总结、归纳出同类知识专题，结合专题的内容及学生的思维特点，在源于教材又高于教材的基础上整合教材。尤其不能忽略小字、大模块、小专题。

再次，提升解题能力，盘点知识，梳理知识。根据高考题型，选择题中针对材料式、比较式、结论式、小专题式的题型，在掌握梳理课本知识的基础上，可采用认知法、排除法提高准确率。针对材料题的设计更加体现开放性和灵活性、多样性，解析材料题应注重三个要素：一是来源材料本身；二是依据材料提示信息点，回归课本；三是关注题目按条件，分值要求答题。问答题的设计有材料式、专题式、结论式等中心问题，注重“审题—思路—筛选—条理—整合”环节，在答题时学会利用草稿纸，罗列答题知识点。

最后，在复习备考中应分析、归纳历史发展特点，关注这些特点在“理论热点”问题中的体现。关注这一年内与课本知识结合紧密的热点，更应关注那些长效性的，有重大影响的持续性热点，把“现实问题”和“时政要点”结合起来。

此外，结合这几年高考，还须把握经济史重于政治史，重于文化艺术史，宋元明清史重于唐以前历史，新民主主义革命史重于旧民主主义革命史，二战历史重于二战前史等趋势。

第二辑

研学纵横

研学即研究性学习，又称探究式学习、探究式科学教育、以学生为中心的指导教学法等。高中历史的研究性学习，是在教师的指导下，以高中历史中出现的具体问题作为载体，用与之相近的历史研究的方法来获取资料、解决问题的方法，它是一种主动的探索式的学习方法和学习活动。在历史学科的教学中开展研究性学习是必须的，同样也是切实可行的。

认知学科核心素养下的教师角色定位

随着普通高中课程标准的修订及学科核心素养目标的提出，针对学科核心素养的培养成为落实基础教育课程改革提出的目标和要求的必要举措，而核心素养的培养可以为学生的可持续发展和适应终身学习创造条件、做好准备。如何才能将核心素养落实到实际教育教学中，成为当前的新课程改革的首要任务。

所谓“学科核心素养”，是指以学科知识技能为基础，整合了情感、态度和价值观在内的、能够满足特定现实需求的正确价值观念、必备品格和关键能力。学科核心素养是学生学习该学科（或特定学习领域）之后所形成的、具有学科特点的关键成就。那么学科核心素养下的教师角色应如何定位，须具体地加以认知。

一、从学科核心素养看教师角色

教师角色的概念，所谓“教师角色”，就是指处在教育系统中的教师所表现出来的由其特殊地位决定的符合社会对教师期望的行为模式。教育社会学家比德尔在前人的基础上认为，教师角色包括以下三种含义：一是教师角色即教师行为；二是教师角色即教师的社会地位；三是教师角色即对教师的期望。

美国学者富勒提出了教师关注阶段理论，作为教师专业发展的先驱者，他在教师关注问卷中依据教师在专业上的不同关注对象，将教师的发展划分为关注生存、关注情境、关注学生三个阶段。这有助于教师关注自己的专业成长，并对自身角色有了进一步的认知。

1. 教师在具体的学校生活中扮演的角色

教师在具体的学校生活中扮演的角色有以下几种：作为教员的教师，作为管理者的教师，作为咨询者的教师。

由教师的职业特点决定，教师是由多种社会角色构成的。在新课程改革的背景下，教师应不断地进行角色变换、角色适应、角色调整等，从而更好地完成教书育人的任务。

同时，要正确地认知传统教师角色的局限：片面地强调教师的知识传递性，忽视教与学过程中知识的创造性；片面地强调教师的权威性，忽视教师与学生之间的合作关系；片面地强调教师的社会责任，忽视教师个体的生命价值；片面地强调教师的学科素养和教学技能，忽视教师综合素质的提高。这都要引起我们的重视。

2. 教师角色定位的转换

教师的职责越来越多地体现在“授人以渔”上。具体表现在利用自己已有的知识、经验和能力等方面的优势，帮助学生在学习过程中保持明确的目标和方向；尊重学生的学习主体地位，多给学生以自主和独立活动的机会和空间，使学生在学习中经常处于主动探索的状态；唤起学生的学习兴趣，激发学生的求知欲望，鼓励学生的好奇心和创造精神，使学生勤于思考，善于发现问题，敢于提出问题，勇于解决问题。

教师要引导学生养成良好的学习习惯，掌握科学的学习方法和技巧，指导学生主动锻炼自己的观察力、记忆力、思维力、想象力和注意力，特别是引导学生掌握分析与综合、比较与分类、抽象与概况、系统化与具体化的思维方法；要不断地培养学生的自学能力，主要包括独立阅读能力，做读书笔记的能力，对学习的自我评价和修正的能力。

二、从学科专业思维素养看教师角色

1. 教师的专业发展角色

教师的专业发展角色是从教师专业化和教师自我成长的角度提出的，包括学者、行家和导师等专业角色形象。首先，教师应是一个孜孜以求的学习者，广览博识、厚积薄发；其次，教师应是一个学科教学的专业工作者，讲、析、做、演，信手拈来；最后，教师应是一个严师益友的智者，关爱学生，与学生共同发展。教师的专业发展角色是教师职业的理想追求，是教师在课堂上表现出来的隐性角色形象，新教师要通过不断的角色实践才能达到这样的境界。

新教师要尽快适应角色转换，最重要的就是能够全面地领悟到教师所承担的多重社会角色并很好地进行实践感悟，提高教育教学能力，做一个具有综合素质的专业教师。

2. 从学科课程教学的角度看教师角色

从知识传授者角色的转变来看，由学科课程的执行者转变为课程的建构者，表现为开发学科教育教学资源，调整课程进程和课程结构，具有设计教学活动的能力。

从教师自身的角度看，要求教师学会终身学习，不仅要认真学习课程改革的先进理念，以全新的视角审视新课程，走进新课程，而且新课程对教师阅读提出更高的要求，不仅仅是量的增加，进行持续力的学习，充实自己的学科素养，还要成为研究者。教师进行教育研究的意义在于：教师的教育研究可以使课程、教学与教师真正融为一体，还可以促进教师专业成长与发展，不断提升教师的自我更新能力和可持续性发展能力，增强教师职业的乐趣和价值感、尊严感。此外，教师要教会学生合作，教师自己首先应学会合作。

三、从学科教学思维看教师的教学设计素养

教学设计的概念：教师遵循教育教学的规律和原理，应用系统的方法，在把握学生学情的基础上，根据课标和教学内容，确定恰当的教学起点和终点，对教学过程诸要素进行有序、优化安排，形成教学方案的过程。教学设计的基本内容应包括教学目标设计、教学策略设计、教学评价设计三部分。

课程设计的特点包括：教学设计是对课程的二次开发；教学设计的内容要“知情合一”；教学设计是指导性的动态方案。

1. 教学目标设计

教学目标设计应包括教学对象设计、教学内容、课程标准分析、制订教学目标等基本内容。

要注意制订教学目标的具体要求：要处理好从学生学习的特点出发，提出具体明确要求；从整体出发，处理好纵向目标、横向目标之间的关系；注意教学目标要体现全面性；教学目标应具有弹性；教学目标的描述要力求科学。

2. 教学策略设计

教学策略是关于实现教学目标的教与学的内容、方式、方法、手段等，由教学内容设计、教学方法和教学组织形式设计、教学媒体设计等组成。

3. 教学评价设计

教学评价设计是解决教得怎么样和学得怎么样的问题。其内容包括形成性评价和总结性评价的设计。课堂教学中的形成性评价，是一种过程评价，其目的在于对目标形成过程进行诊断，通过及时反馈和矫正，形成更适合学生的教学，从而帮助师生完成既定的教学目标。总结性评价是在一个教学单元、一个学期或学年后进行的评价。总结性评价是一种目标参照评价，其目的在于检测目标的达成度，通常给出成绩或等第。

四、从学科教学课堂看教师的课堂教学素养

上课是教学过程的中心环节，同样，上课技能也是教师教学技能中最重要的技能。上课技能包括导入技能、板书技能、提问技能、调控技能、激励强化技能、组织技能、交流技能、媒体使用技能等。着重从以下几方面加以学习和探讨。

1. 导入技能的教学素养

导入技能的概念：导入技能是教师在一个新的教学内容或活动开始时，运用建立教学情境的方式，引起学生注意，激发学习兴趣，明确学习目标，形成学习动机和建立知识间联系的一类教学行为。较高的导入技能的教学素养可以起到营造气氛，使学生迅速进入学习情境；集中注意，唤起学习兴趣，引发学习动机；学习定向，使学生明确学习目标、意义和方法；为新课的讲授做铺垫，建立新旧知识间联系的作用。

此外，设计导入时需要注意以下几个问题：导入要有针对性，导入要有启发性，导入要有趣味性，导入语言要有艺术性等。在教学实践中不断地提升学科思维素养。

2. 板书技能的教学素养

板书是课堂教学的重要组成部分，是课堂教学内容、步骤、方法的体现，是教学思路的反映，也是师生信息双向交流的桥梁。板书设计受年级、教材、

课型、教学目的等多种因素制约，其形成和样态丰富多变。

板书技能概念：板书技能是教师运用在黑板上或投影片上书写文字、符号或绘图等方式，向学生呈现教学内容，分析认识过程，使知识概括化和系统化，帮助学生正确理解并增强记忆，提高教学效率的一类教学行为。板书包括两个基本的组成部分，即主题板书和辅助板书。板书技能的构成要素要考虑到板书内容、书写技巧、结构布局、时间掌握、直观形象、投影板书和美观艺术等。

教师要掌握板书技能的功能，包括板书具有呈现系统化的知识，便于理解和记忆的功能；具有启发思维、揭示方法、增强直观性的功能；具有培养审美观和创造能力的教学思维素养的功能。当下学科思维导图也有利于学科教学的板书设计思维的拓展。

3. 提问技能的教学素养

课堂提问是课堂教学的重要组成部分，是师生交流的最主要的手段，是发展学生思维、促进学生学习的重要方式。新标准指导下的课堂提问，是一种教师和学生之间的双边活动，教师掌握课堂提问的技能是驾驭课堂的关键。如何解读新课程标准给课堂提问带来的改变，是每一位教师理应重视的问题。提问可以有回忆型提问、概括型提问、比较型提问、分析型提问、观察型提问、想象型提问等很多情境。

可以说，提问环节创设的意义与作用在于提问能促进师生间的信息交流，能激发学生学习兴趣，能调动学生思维的积极性，提问能使学生学会解决问题。所以说创设问题情境的教学设计也是对课堂教学所追求的学科思维和素养的设计。

4. 媒体使用技能的教学素养

媒体使用技能在新课程的实施过程中，成为教材的有机组成部分，该教学技能对于促进教师教学以及学生学习有着重要的作用。正确认识使用教学媒体的目的以及教学媒体的作用，合理地设计、选择和使用教学媒体，是实施新课程的一项重要内容。

从新课程下多媒体应用技能的要求来看，多媒体教学具有以下的优势：多媒体技术辅助教学可以大大优化教学环境，促进学生的主动学习；运用多媒体技术辅助教学可以大大增加课堂容量、增大信息密度、提高教学效率、丰富学生的学习内容；运用多媒体技术辅助教学可以突破教学难点，促进学生对课堂教学内容的理解和掌握。

对照新课程下多媒体应用技能的要求可以了解到多媒体教学具有图文并茂，动静结合，激发学生的学习兴趣；创设情境，突出重点，增强教学直观力度；增加密度，扩充信息，培养学生创新能力等优势。

当然，应用多媒体技术进行辅助教学必须注意到，多媒体技术只是教学的辅助手段，只能是发挥教师主导作用的必要的技术辅助手段，而不能替代教师的教学活动。

五、从教师角色到教师的学科教学本质看追求优质教学

古希腊著名哲学家、思想家、教育家苏格拉底提出应“认识你自己”。作为教师，从教师角色到教师学科教学思维和素养来看，教学的本质对我们教师角色的转换提出了新的要求。

1. 作为教师，要重新认识课堂

课堂教学不是教师表演的舞台，而是师生之间交往、互动的舞台；在课堂教学中去关注课堂行为变化，就会发现新的课堂、不一样的课堂。课堂不是对学生进行训练的场所，而是引导学生发展的场所；是不断呈现学生主体作用的、“以生为本”的课堂。课堂教学也不只是传授知识的场所，更应该是探究知识的场所。应在课堂教学中使学生通过教师的引领，进行合作学习、自主探究。同时，课堂教学不仅关注学生的发展，而且关注教师教育智慧的充分展现。

2. 正确地把握优质教学特征

所谓优质教学，即高质、高效、高水平、高境界的教学，优质教学当然是有效教学，但有效教学未必是优质教学。因为优质教学首先应是有效、优质的教学，而有效教学只是我们对教学的基本要求，优质教学才是我们的追求目标。优质教学要具备见解深刻、独具慧眼、旁征博引、循循善诱、充满智慧、精益求精等基本特征。

3. 对优质课堂目标的追寻

优质教学就是有效、优质的课堂教学。优质教学应具有以下六个特征

（“六度”）：一是参与度，即有学生的全面参与、全程参与和有效参与；二是亲和度，即师生之间有愉快的情感沟通与智慧交流；三是自由度，即学生自主地选择学习的方式方法等；四是整合度，即整体地把握学科知识体系（或是建构知识体系）；五是熟练度，即学生在课堂上动脑、动手、动口训练的程度；六是延展度，即在知识整合的基础上向广度和深度延展，从课堂教学向社会生活延伸。

反思我们的教学以及教师专业的发展，可以认识到教师的教学经历了从学科专业的思维到学科教学思维的转型，从关注自己的教学到关注课堂的行为变化的转型，从关注生存到关注自我，再到关注学生的专业发展的转型，从有效教学走向优质教学的课堂教学的转型，也就意味着教师从一般教师转变为优秀教师，从普通教师转变为教学名师，从经验型教师转变为专家型教师。

运用“点—线—面”知识构建历史学科体系

在高中历史学科多年的教学实践中，随着课堂教学师生行为的变化，针对《普通高中历史课程标准（2017年版2020年修订）》与考试大纲，在教材重难点知识的认知和掌握方面，学生在识记和理解层次上存在着差异。应在整体上把握每个单元，每课知识的纵向、横向的知识与结构，运用“点—线—面”知识来整合教材，以构建学科知识体系；通过教学，引导、教会学生掌握历史史实和事件的脉络，理清线索和思路。

一、立足教材，寻找支点，搭建“点—线—面”知识平台

高中历史人教版教材分别是由必修一政治史计八单元二十七课，必修二经济史计八单元二十四课，必修三思想文化史计八单元二十四课这三部分组成。（选修模块六个）通过课堂教学的进一步认知，这三本教材体例的编排，与以往通史教材体例完全不同，是以专题的形式呈现。同时，通过课堂教学的进一步认知，在教材的衔接上，对教材的认知与知识的整合和学生的学习状况也因此与以往存在差异。

以必修一为例：共有八单元，共二十七课，可以讲每个单元下有若干课时安排，每课下有若干教学目。那么，以此为线索构成的以单元为主线的知识面，对应每课组成这一单元的知识线索，每课下有若干教学目（知识点），从而构成“点—线—面”知识结构，即通过以一个单元（知识面）—每课（知识线索）—每课内教学目（知识点）来串起来，构成“点—线—面”的知识结构。教学中引导学生“以情优教”，给学生讲清并尝试着让学生进行认知记忆；引导学生学会运用“点—线—面”知识结构，做到“以练督学”，让学生

在宏观上能进一步认识、掌握和运用课本知识。

【案例一】以人教版必修一的第三单元“近代西方资本主义政治制度的确立与发展”中的第七课“英国君主立宪制的建立”为例，从教材设计上该课由“光荣革命”“议会权力的确立”“责任制内阁的形成”这三项内容构成。作为教师在课堂教学过程中，可以把这课内容重新加以整合为“追求民主—建立民主—完善民主”，教学效果明显。

这就形成了以单元为知识面，每课为知识线索，每课内教学目为知识点的“点—线—面”知识结构。

在引导学生构建知识体系的同时，也可以通过列出提纲，让学生根据提纲进行阅读、理解、思考。这不仅有助于学生了解和掌握教学内容，而且有助于教会学生学习历史学科的方法和技巧。学生由此得以学得轻松，能够较好地理解和掌握学科内容，提高学习效率。

二、利用教材，抓住主线，构建学科知识框架与体系

历史学科的复习同文综其他学科相比，历史学科有不同于其他学科的特点。在历史学科的复习过程中，应引导学生利用教材，建立知识框架。

【案例二】仍然以人教版必修一的第三单元“近代西方资本主义政治制度的确立与发展”中的第七课“英国君主立宪制的建立”为例来加以说明。在组织这节课的课堂教学中贯穿“追求民主—建立民主—完善民主”这条主线，通过具体的课堂教学过程，依次展开教学：第一个教学目“光荣革命”下主要讲述的问题是背景、简单过程。1688年的“不流血政变”，又称“光荣革命”，体现出民主和专制斗争的复杂性和曲折性。第二个教学目“议会权力的确立”下主要讲述的问题是《权利法案》（1689年）、代议制、1832年议会选举改革，体现了“法治”代替“人治”，民主取代专制的人类社会发展趋势。第三个教学目是“责任制内阁的形成”主要讲的是英国“内阁”的由来、内阁和首相的地位、英国政党的形成及其地位。通过对教材知识的梳理以及补充课外材料，创设新情境，来激发学生的学习兴趣，拓宽学生的思维，从而引导学生关注现实问题。同时，通过这课的学习，使学生认识到民主与专制斗争的复杂性与曲折性，理解和尊重世界各国的文化传统。

本课教学形成了以本课课题为知识面，以教学目为线索，教学目下的知识点形成的“点—线—面”小专题知识结构体系。

在课堂教学过程中，通过这样的方式去有意地变换教学形式，采用不同的教学手段，能最大限度地吸引学生的注意力，培养学生学习的主动性，以达到最佳的教学效果。

三、利用教材目录，整合知识，把握学科知识网络与体系

“重视目录，回归课本”是提高历史学科成绩的有效途径，这说明教材目录的作用不容忽视。

实际教学中还可以对教材目录进行变通，如加以删减或补充，尤其要侧重对教材中对应教学目（或子目）中正文内容和对应图表、史料间的结合点加以整合。因为教材中的图表和史料针对教材主干知识来说既是重要信息，又是对正文的概括、补充和提升，这也是近年来高考常考查的形式，从高考文综试卷来看，有关这方面的考查比重正在加大，绝不可忽视。

【案例三】必修一教材目录中的第一单元“古代中国的政治制度”专题知识体系由四课内容组成，第一课是“夏商西周的政治制度”。对这课内容的知识点在脑海中进行“复制”，可以再忆、再现出三个教学目，分别是“从禅让到王位世袭”“等级森严的分封制”“血缘关系维系的宗法制”，并归纳、整合为五个制度（即禅让制、王位世袭制、分封制、宗法制和礼乐制度）和一张地图（即《西周分封示意图》）所隐含的文史常识，如姓氏的由来等，并对当今清明节、端午节、中秋节纳入我国国家法定节假日，而受到国人追捧的相关知识进行迁移。同样到第四课也进行归纳与整合，形成本单元教材目录的知识体系。

“授人以鱼，不如授人以渔。”利用好教材目录，懂得“学会学习比刻苦学习更重要”。才能找到适合自己的更佳的方法、更有效的途径。

试论高中新课程历史课堂教学模式及评价要素

随着高中新课程改革的实施，我从学习、解读新课程理念，更新课程理念转向探讨和实践课堂教学的有效实施的过程中收获颇多。一年来，作为高中政治、历史、地理文科综合学科教研组组长，以及高中历史新课程教学的实践者，我与新课程改革同行，共同成长、共同感悟新课程改革的理念。

在教学的同时，我组织教研组对高一、高二年级的政治、历史、地理学科进行听课、研讨课、观摩课、示范课等交流互动，基于对新课标的理解，对高中历史学科的课堂教学、复习课（专题课）、讲评课（练习）教学的几种教学模式进行了归纳和梳理，并对高中历史新课程课堂教学与评价的探索与经验进行了总结，以下将简要论述这几种模式和相关评价要素。

一、高中新课程历史课堂教学模式及评价要素

历史学科的课堂教学，作为历史学科教学中主要的教学环节和课型，其模式和评价要素包括创设情境，激活思维；学生自主学习，教师点拨指导；教师精讲，学生归纳；学生合作探究，教师积极引导；归纳总结，延伸拓展；巩固训练，综合运用六个环节。

1. 创设情境，激活思维

通过展现三维目标，创设相应情境，导入课题知识，启发诱导，调动学生学习积极性，将教学内容与学生生活和社会实践相联系，可采取视觉、听觉或活动进行切入。

2. 学生自主学习，教师点拨指导

自主学习，学生课前预习本节课教材和相关资料，根据教师提出的问题主

动探索、积极思考、明确目标；教师引导，学生对自主学习的过程中产生的问题做好记录，并寻求解决的方法；教师关注不同层次的学生自主学习的过程并予以点拨指导。

3. 教师精讲，学生归纳

学生自述自学成果以及自学内容的要点、难点、疑点；教师创造性地使用教材，使课堂教学密度、容量适当；讲授知识内容详略得当，重点突出，讲练结合，在适当认知层次上处理难点；学生回答问题踊跃，能自由表达、善于合作、富于想象、敢于质疑。

4. 学生合作探究，教师积极引导

合作讨论的内容应有探究性，有价值；应有明确的分工，每人都有事可做。引导学生手脑并用，在自主探索、合作交流、动手实践中去经历知识的形成过程；主动与他人合作，虚心听取别人的意见，敢于发表自己的独特见解。教师是学生学习的组织者、引导者、合作者，师生关系应融洽、和谐民主、平等互动、互相尊重。

5. 归纳总结，延伸拓展

（1）课堂上能认真倾听学生的观点，并进行点评，以表扬为主。

（2）能以简洁的语言回答出学生提出的问题，关注学生的个性差异，使每个学生都有不同的收获，体验成功的喜悦。

6. 巩固训练，综合运用

有选择地布置对学生有思考价值的作业，使学生自主预习、自主学习，巩固拓展课堂所学知识。课外作业分两部分：一是必做题，一般是基本题和中档题，用于巩固知识；二是选做题，一般是中档题和较灵活的难题以及须探索或归纳的思考题。

二、历史复习课（专题课）课堂教学模式及评价要素

复习课（专题课），作为历史学科教学中一种重要的教学环节和课型，能加深学生对所学历史知识的再忆、理解，加强历史知识的纵向、横向的联系，构建知识框架结构，以提升学生知识综合运用的能力。好的复习方法，可使学生在认知和掌握知识水平上提高运用知识的综合技能。

复习课（专题课）的基本程序是：知识再忆、迁移→典型例题解析思路和知识整合→典型例题训练及师生互动交流→总结归纳及巩固训练。

1. 知识再忆、迁移

（1）教师根据复习计划和目标，提出问题、设计方案、实现目标。由学生按提出的问题自主梳理所学知识。

（2）师生互动、归纳整理、构建知识网络。

2. 典型例题解析思路和知识整合

在积累知识、夯实基础、学法内化的基础上，要进行合理与配套复习的相关思维训练，教师要注意引导学生运用所归纳的知识去解决新的问题，使学生由“学会”转变为“会用”。教师引导学生注重学习方法的养成，特别要注意引导学生探索适合自己个性特色的学习方法，提升在不同的问题情境中综合运用知识的技能。此环节主要是通过精练、精讲题目（以典型例题，侧重体现学生思考问题、解决问题的方法，目的是让学生学会学习）来加以巩固，以达到教学的效果和目标。具体步骤可以是：①审题是关键；②思路和方法；③知识的筛选和组合；④知识的归纳和整合；⑤巩固提升，迁移反思。

3. 典型例题训练及师生互动交流

通过设置教学目标和典型问题，来引导和帮助学生自主学习。通过学生自行完成课前准备的基础知识训练（以材料题为主），让学生做到相互合作学习、探究，针对教学目标和典型问题，对自认为不确定的知识，依据教材或提供的材料本身，展开相互讨论、归纳比较、师生互动，针对各类题型，形成正确的解题思路和方法，培养学生运用知识的综合技能。

4. 总结归纳及巩固训练

课堂总结须做到对基础知识、基本题型、典型题型、解析思路和方法等各方面的归纳和整合；做到重在积累知识、夯实基础、培养运用知识的综合技能与解题能力。通过布置典型例题或专题练习，让学生在课堂或课后进行巩固和训练，教师则要及时批改并反馈。

三、历史学科试卷（练习）评析课教学模式及评价要素

1. 试卷总体评价和试卷答题具体分析

在试卷（练习）评析课前要对试卷（练习）中的各题的选项及解析过程和结果进行数据化分析。

依据试卷（练习）中命题的范围、命题的权重（难易程度的比值）、知识层次等命题要素，弄清学生对于哪些知识点仍有疑惑，寻找答题的思路与答题的技巧，以便在试卷（练习）讲评过程中做到有的放矢。

2. 重点错误展示与分析（不少于20分钟）

要对整个试卷作整体分析，按知识点将试题分类，进行分类评讲。重在探求正确的解析思路、答题要素，以及对知识的综合运用和学习方法、技巧做到知识迁移，触类旁通。

分析时要注重指导学生展示思维过程，引导学生发现问题，自主纠错；教师应注重于引导学生从典型错误题型中培养解决某类问题的能力与思路，使学生能够融会贯通。

同时，在分析时教师应展示教材中的答案依据和出处（正确答案），学会用学科专业语言（专业术语），以此规范学生的答题格式与文字（书面）表达形式。

3. 巩固与拓展性训练（不少于10分钟）

根据学生试卷（练习）中的错误，补充一些同类型、变式型的知识点或题型，适时地进行跟进性训练或拓展性训练，以实现巩固强化、学以致用，进一步巩固学生对知识的理解、掌握。

4. 试卷（练习）评析小结

教师对试卷进行整体分析和总结，指出试卷（练习）的得失和亮点，以培养学生正确地运用知识，拓宽思路，形成正确的解题思路和方法，提高学生综合运用知识的综合技能。

历史学科课堂教学评价表

<table>
<tr><td>授课教师</td><td></td><td>授课班级</td><td></td><td>节次</td><td></td><td colspan="2">日期</td><td></td></tr>
<tr><td>讲授课题</td><td colspan="5"></td><td colspan="2">听课教师</td><td></td></tr>
<tr><td>教学环节</td><td colspan="5">教学评价要点</td><td colspan="2">权值（分）</td><td>得分</td></tr>
<tr><td rowspan="2">创设情境，激活思维</td><td colspan="5">1. 创设情境教学，导入课题知识，衔接过渡自然，启发诱导，调动学生学习积极性</td><td>6</td><td rowspan="2">10</td><td rowspan="2"></td></tr>
<tr><td colspan="5">2. 情境内容与现实社会和生活联系，也可以运用多媒体等教学手段切入</td><td>4</td></tr>
<tr><td rowspan="4">学生自主学习，教师点拨指导</td><td colspan="5">1. 学生课前预习本节课教材和相关资料</td><td>5</td><td rowspan="4">20</td><td rowspan="4"></td></tr>
<tr><td colspan="5">2. 学生能根据教师提出的问题主动探索、积极思考，教学目标明确</td><td>5</td></tr>
<tr><td colspan="5">3. 学生对自主学习的过程中产生的问题做好记录，并寻求解决的途径</td><td>5</td></tr>
<tr><td colspan="5">4. 教师关注不同层次的学生自主学习的过程并能点拨指导，稳定课堂秩序</td><td>5</td></tr>
<tr><td rowspan="5">教师精讲，学生归纳</td><td colspan="5">1. 在课堂行为变化中，教师启发引导，实行分层教学；因材施教，有针对性、有实效性</td><td>5</td><td rowspan="5">25</td><td rowspan="5"></td></tr>
<tr><td colspan="5">2. 学生通过自主学习和讨论，学生互相补充，教师不急于说出结论，引发大多数学生积极思考</td><td>5</td></tr>
<tr><td colspan="5">3. 学生自述自学内容的要点、难点、疑点以及自学成果</td><td>5</td></tr>
<tr><td colspan="5">4. 教师创造性地使用教材，课堂教学密度容量适当；讲授知识内容详略得当，重点突出，适当地在认知层次上处理难点</td><td>5</td></tr>
<tr><td colspan="5">5. 学生回答问题踊跃，能自由表达、善于合作、富于想象、敢于质疑</td><td>5</td></tr>
<tr><td rowspan="5">学生合作探究，教师积极引导</td><td colspan="5">1. 合作讨论的内容明确，有探究性、有价值</td><td>5</td><td rowspan="5">25</td><td rowspan="5"></td></tr>
<tr><td colspan="5">2. 在课堂行为变化中，引导学生自主学习、合作交流、主动探索，有经历知识的形成过程</td><td>5</td></tr>
<tr><td colspan="5">3. 主动与他人合作，勇于阐述自己的观点和想法</td><td>5</td></tr>
<tr><td colspan="5">4. 作为学生学习的组织者、引导者，教师能针对学生的陈述结果，予以启发和引导</td><td>5</td></tr>
<tr><td colspan="5">5. 师生课堂行为变化过程中，关系融洽、平等互动、互相尊重</td><td>5</td></tr>
</table>

续 表

教学环节	教学评价要点	权值（分）		得分
归纳总结，延伸拓展	1. 课堂上，能认真倾听学生的观点及学生提出的问题，并进行点评，以表扬为主	4	12	
	2. 能以简洁的语言对课堂教学内容加以归纳和总结，以拓展学生知识层面	4		
	3. 关注学生的个性差异，使每个学生都有不同的收获，体验成功的喜悦	4		
巩固训练，综合运用	1. 当堂巩固、拓展课堂所学知识；教师提问，学生积极思考、主动回答	4	8	
	2. 有选择地布置作业，通过学生自主学习，培养综合运用所学知识的技能	4		
教学评价		总分		

注：总分在85分以上为“优秀”，70—84分为“良好”，60—69分为“合格”，60分以下为“需要改进”。

历史学科复习课课堂教学评价表

授课教师		授课班级		节次		日期	
复习课内容				听课教师			
评价维度	评课要点					权值（分）	赋分
复习目标	1. 依据新课标，能体现高考大纲要求；教学目标明确具体，能指导教学全过程					5	
	2. 体现对知识要求的三个层次（识记、理解、综合运用）					5	
	3. 使学生达到课堂教学目标和能力要求					5	
内容与过程	1. 依据教材，对知识的梳理是否条理化、网络化、系统化					6	
	2. 授课速度适当，易于学生接受					4	
	3. 典型例题的设计合理、科学、有代表性，体现知识层次性					5	
	4. 教学内容讲解正确，无知识性错误					10	
	5. 讲授内容条理清晰，能够突出重点、突破难点					10	

续 表

评价维度	评课要点	权值（分）	赋分
教法与学法	1. 重视启发学生思维，培养能力，学生自主学习、思考讨论	5	
	2. 精讲精练，讲练结合好，提高学生运用知识的综合技能	5	
	3. 师生课堂行为变化较好，教学方法灵活、有效；授课时能激发学生兴趣，集中学生注意力	5	
	4. 教学结构紧凑、合理，时间分配恰当，不拖堂	5	
	5. 有具体的学法指导；典型例题教学有解析思路和方法；有学生巩固训练，有分析讨论、有归纳总结	5	
教学效果	1. 师生互动较好；气氛热烈，学生兴趣浓厚，师生均有满足感	5	
	2. 达到课堂教学目标和要求，做到分层次教学，班里不同层次学生都各有收获	5	
教师业务素质	1. 教态自然、大方，普通话标准，语言简洁、生动、表述准确	5	
	2. 正、副板书规范、合理，文字表述准确	5	
	3. 教师具有较好的课堂教学组织能力；课堂教学效果好	5	
综合评价		总得分	

注：总分在85分以上为“优秀”，70—84分为“良好”，60—69分为“合格”，60分以下为“需要改进”。

历史学科专题课课堂教学评价表

<table>
<tr><td>授课教师</td><td></td><td>授课班级</td><td></td><td>节次</td><td></td><td>日期</td><td></td></tr>
<tr><td>专题课内容</td><td colspan="5"></td><td>听课教师</td><td></td></tr>
<tr><td>评价维度</td><td colspan="5">评课要点</td><td>权值（分）</td><td>得分</td></tr>
<tr><td rowspan="3">专题目标</td><td colspan="5">1. 依据新课标，能体现高考大纲要求；教学目标明确具体，能指导教学全过程</td><td>5</td><td rowspan="3"></td></tr>
<tr><td colspan="5">2. 体现对知识要求的三个层次（识记、理解、综合运用）</td><td>5</td></tr>
<tr><td colspan="5">3. 使学生达到课堂教学目标和能力要求</td><td>5</td></tr>
</table>

续 表

评价维度	评课要点	权值（分）	赋分
内容与过程	1. 依据教材，对知识的梳理是否条理化、网络化、系统化	6	
	2. 授课速度适当，易于学生接受	4	
	3. 典型例题的设计合理、科学、有代表性，体现知识层次性	5	
	4. 专题教学内容讲解正确，无知识性错误	10	
	5. 讲授内容条理清晰，能够突出重点、突破难点	10	
教法与学法	1. 重视启发学生思维，培养能力，学生进行自主学习、思考讨论	5	
	2. 精讲精练，讲练结合，提高学生运用知识的综合技能	5	
	3. 师生课堂行为变化较好，教学方法灵活、有效；授课时能激发学生兴趣，集中学生注意力	5	
	4. 教学结构紧凑、合理，时间分配恰当，不拖堂	5	
	5. 有具体的学法指导。典型例题教学有解析思路和方法。有学生的训练巩固，有分析讨论、有归纳总结	5	
教学效果	1. 师生互动较好；气氛热烈，学生兴趣浓厚，师生均有满足感	5	
	2. 达到课堂教学目标和要求，做到分层次教学，班里不同层次学生都各有收获	5	
教师业务素质	1. 教态自然、大方，普通话标准，语言简洁、生动、表述准确	5	
	2. 正、副板书规范、合理，文字表述准确	5	
	3. 教师具有较好的课堂教学组织能力；教学效果好	5	
综合评价		总得分	

注：总分在85分以上为“优秀”，70—84分为“良好”，60—69分为“合格”，60分以下为“需要改进”。

试卷（练习）评析课堂教学评价表

<table>
<tr><td>授课教师</td><td></td><td>授课班级</td><td></td><td>节次</td><td></td><td>日期</td><td></td></tr>
<tr><td>试卷内容</td><td colspan="5"></td><td>听课教师</td><td></td></tr>
<tr><td>评价维度</td><td colspan="5">评课要点</td><td>权值（分）</td><td>赋分</td></tr>
<tr><td rowspan="2">试卷评价分析</td><td colspan="5">1. 教师对试卷（习题）进行批改，批改认真、分值细化</td><td>5</td><td rowspan="2"></td></tr>
<tr><td colspan="5">2. 教师对试卷进行数据化分析，做到评讲时有的放矢</td><td>5</td></tr>
<tr><td rowspan="6">评析内容</td><td colspan="5">1. 讲解能体现出题目所考察的知识点与学科教学思想方法</td><td>5</td><td rowspan="4"></td></tr>
<tr><td colspan="5">2. 内容讲解正确，无知识性错误</td><td>5</td></tr>
<tr><td colspan="5">3. 讲解速度恰当，易于学生接受</td><td>5</td></tr>
<tr><td colspan="5">4. 根据试卷中的错误，补充相关知识；有巩固与拓展性训练</td><td>5</td></tr>
<tr><td colspan="5">5. 错误重点展示与答题思路的分析、迁移、联系</td><td>10</td><td rowspan="2"></td></tr>
<tr><td colspan="5">6. 注重学生对知识综合运用的能力培养与答题的条理性、规范性</td><td>10</td></tr>
<tr><td rowspan="3">评析方法</td><td colspan="5">1. 重视启发学生解题的切入点，培养学生解题能力</td><td>10</td><td rowspan="3"></td></tr>
<tr><td colspan="5">2. 解析思路活跃、方法灵活，体现知识的综合运用与技能</td><td>10</td></tr>
<tr><td colspan="5">3. 善于引导学生总结归纳题型，有解析思路或方法总结</td><td>10</td></tr>
<tr><td rowspan="2">评析效果</td><td colspan="5">1. 课堂气氛热烈，师生交流互动共同探讨</td><td>5</td><td rowspan="2"></td></tr>
<tr><td colspan="5">2. 学生在知识与能力上得到提升</td><td>5</td></tr>
<tr><td rowspan="2">教师业务素质</td><td colspan="5">1. 教态自然大方，语言简洁、生动、表述准确</td><td>5</td><td rowspan="2"></td></tr>
<tr><td colspan="5">2. 板书规范，语言表述准确</td><td>5</td></tr>
<tr><td>总体评价</td><td colspan="5"></td><td>总分</td><td></td></tr>
</table>

注：总分在85分以上为“优秀”，70—84分为“良好”，60—69分为“合格”，60分以下为“需要改进”。

以上是我自新课程改革实施以来，针对高中历史学科的课堂教学几种教学模式进行的课改教研和反思，也是我对高中历史新课程课堂教学与评价的探索与经验总结。

浅谈有效教学生成高效课堂的运用与思考

——从历史学科的优化教学设计引领教学活动谈起

所谓“有效教学”（effective teaching），是指教师通过一段时间的教学之后，使学生获得了具体的进步或发展，也就是说，学生有无进步或发展是教学有没有效益的唯一指标。有效教学是从尊重学生的需要，关注学生的发展出发，基于价值引导与自主构建相统一的双赢教学模式。从师生共同活动的角度来讲，有效教学是经验的共享，智慧的生成。

高效课堂，是高效型课堂或高效性课堂的简称，高效课堂是以最小的教学和学习投入获得最大学习效益的课堂，其基本特征是“自主建构，互动激发，高效生成，愉悦共享”。具体而言是指在有效课堂的基础上，完成教学任务和达成教学目标的，效率较高、效果较好的课堂。高效课堂是有效课堂的最高境界。

在课堂教学活动中，如何打造有效课堂教学、高效课堂？在教学实践中，随着课堂教学过程中师生的行为变化，进一步优化教学设计，创设情境教学，引导学生“以学论教”“以情优教”“以练督学”，并教会学生通过史实，进一步把握历史史实和事件的脉络，厘清线索和思路，使学生能进一步进行认知并加以运用。同时，针对课堂教学中存在的问题及现象，通过教学实践和教学的反思，摸索出体现高效课堂和发挥学生“主体”作用的有效课堂教学行为的生成与带来的思考。

一、立足课程标准和考试大纲，优化历史课程教学资源

如何在课堂教学过程中呈现课堂的“教与学”与师生的行为变化？如何使

课堂教学体现教学的有效、高效？这体现在《普通高中历史课程标准（2017年版2020年修订）》（以下简称《课标》）基本理念中的课程设计与实施提到的“三个有利于”，即“有利于学生学习方式的转变，有利于教师教学理念的更新，有利于教学方式的转变”。高中历史学科的教师在教学实践中，不断地关注课堂、关注学生，不断地打造有效课堂、高效课堂，不仅是历史学科教育教学的核心，也是历史教师所追寻的教学目标。《课标》中的这“三个有利于”正是体现了高效课堂的内涵与途径。

1. 借助课程资源，利于教学知识的储备

对历史课程资源的充分利用和开发，有利于历史课程目标的实现和资源利用的最大化。在课堂教学之余，结合自己所带班级的学情和学生不同层次的知识需求，做好备课、组织教学的知识储备。利用学校现有的资源，走进图书馆查阅资料，借助对有关历史的音像资料、历史遗存等的搜集、整理以为备课之需。

“教师的功夫在课前”，历史教师应通过坚持记学习笔记、记读书笔记、网络学习等方式，做好教学资源的储备，以利于教学的常教常新。

2. 由“学教材”到“用教材”的转身

课堂教学设计是开展教学活动的前提和基础。上课应有效提升学生的学科思维能力，努力追求高效率的课堂教学。作为教师，合理解读和处理教材至关重要。

【案例一】在设计“复习课：（人教版·必修Ⅱ）中国民族资本主义的曲折发展史”时，要以高考考点“民族资本主义工业的兴起，民国时期民族工业的曲折发展”和课程标准“简述鸦片战争后中国经济结构变动和近代民族工业兴起的史实，认识近代中国民族资本主义产生的历史背景；了解民国时期民族工业曲折发展的主要史实，探讨影响中国资本主义发展的主要因素；探讨在半殖民地半封建社会条件下，资本主义在中国近代历史发展进程中的地位和作用”为依据，立足考试大纲，通过设计教学，关注学生在识记和理解层次上存在着差异等现状，关注师生课堂行为的变化；重视教材重难点知识的认知和运用方面的积累与突破。

有效的课堂教学设计可以使教师在课堂教学中利用较少的时间取得较好的

教学效果，也是真正落实到由“学教材”到“用教材”的转身的重要措施。

二、利用现代信息技术媒介，搭建有效课堂教学的平台

“运用现代信息技术，可以处理好历史教学中很多难以解决的问题，尤其是有利于在历史教学中创设历史的情境，提供丰富的历史学习材料，促进学生历史思维的发展，加强历史学科的研究性学习活动。”通过运用现代信息技术，力求实现教学资源的优化和整合。

教学中我们知道，理解和记忆是学生求知的两个翅膀，理解是前提，记忆是关键；理解有利于记忆，记忆也有助于加深理解。

在教学中要积极地创设各种情境，依托和利用好现代信息技术手段，通过制作多媒体课件或利用电子白板等媒介，引导学生由被动到主动、由接受性到创造性地对教学情境进行体验；引导学生生动活泼地学习历史，接受历史知识；引导学生理性地看待和了解历史现象。

【案例二】在编写必修一第二单元的第六课“罗马法的起源与发展”的教、学案过程中，由于本课时空跨度较大，学生对知识体系的构建较为困难。在教学实践中，结合历史地图，以“共和国的罗马—意大利的罗马—地中海的罗马”为主线，引导学生认知和理解古罗马的法律制度不仅是人类文明的重要组成部分，它上承古希腊政治文明，下启近代资产阶级革命，而且在整个人类政治文明发展历程中具有承上启下的历史地位。在这一过程中，还要做到政史地学科的有机结合。

在运用信息技术教学过程中，教师可以将丰富充实的资料，生动直观地传递给学生。学生在学习创设的情境教学的同时，自然扩大了知识面，开阔了视野，这对学生自学及今后学习相关学科的知识能够带来极大的帮助。运用信息技术教学，也有利于激发学生的兴趣；运用信息技术有助于加深学生的理解记忆。这样，以多媒体为主的教学方式在极大地提高了学生学习效率的同时，也为教师提供了更为广阔的发挥空间。

三、设计教学思路与教学流程，提升教学的有效性

课堂40分钟的教学效益是提高教学质量的核心。在历史教学中，始终坚持

备好课，并坚持将课标、考试大纲、教辅资料教材与所带班级实际情况结合起来。备课时把握课程标准，吃透教材，及时准确地了解高考命题的新动向。做到“以学论教”“以情优教”，在实际教学中克服教师的教学脱离学生实际的现象。做到不断地更新教育观念，不断地尝试高效课堂的教学模式。

1. 理清教学思路与教学流程

教学过程是把以教材为主体的知识传授给学生并体现教学目标。这就需要教师在备课时，不断地认真探究历史学本身的知识结构和体系，深入研究学生的心理特征、学科的认知水平及学生的认知规律，优选与教材内容和学生特点相适应的教学方法进行组织教学。因此，认真备好课、备教案、备学生，对于教师的教学研究，提高教学水平无疑是很有价值的。

【案例三】针对“专题复习课：（人教版·必修Ⅱ）中国民族资本主义的曲折发展史”一课，设计的复习教学思路是：近代的民族资本主义的产生和发展大体经历了产生、初步发展、曲折发展、日渐萎缩等几个阶段，做到与通史教材的有机结合，并以此来设计教学思路，构建本课的知识体系，实现和突破教学的三个维度。

2. 梳理教材线索，提升课堂效率

教师在教学流程设计过程中，做到厘清教材概念，力求准确理解教材内容，理顺教学思路，积极创设教学情境，引导学生进行探究学习和自主学习。

【案例四】在对“罗马法的起源与发展”一课的教学过程中，本课涉及诸多学生难以理解的政治名词，如成文法、公民法、万民法、自然法等法律概念。教师应钻研教材，理顺对法律概念的含义的阐释，同时，借助教材的“学思之窗”和“历史纵横”知识，依据教材本身提供的原始材料创设情境，以提升课堂效率，实现目标教学任务。

四、建构知识体系，实现学科教学的高效优质

在教学中，无论是高二还是高三的第一轮复习，并不等于简单地“学教材”或是“用教材”，而是在教师的指导下构建一个明晰的知识结构体系。这样既有利于学生记忆历史知识，又有利于学生归纳、分析历史知识，提升综合运用能力，真正地用好教材。

1. 利用教材，构建学科知识框架与体系

教材是教师主要的教学资源。历史学科教师在引导学生学会运用“点—线—面”知识结构的同时，也可以通过列出提纲、思维导图等方式来引导学生对知识进行建构。这不仅有助于学生了解和掌握教学内容，而且有助于教会学生学习历史学科的方法和技巧。从而既利于学生理解和掌握学科内容，又便于学生提高学习效率。通过“以练督学”“以练带点”的方式，强调在组织教学时，利用好教材，抓住每个单元知识主线，来构建单元知识框架，形成知识体系，这样可以很方便地把本课、本单元所有知识点加以梳理，从而加深对历史知识的迁移和联系，形成较为完整的知识结构体系。

【案例五】必修二的第二单元“资本主义世界市场的形成和发展”由第五课“开辟新航路”、第六课“殖民扩张与世界市场的拓展”、第七课“第一次工业革命”、第八课“第二次工业革命”共四课构成，教师可把这单元重新设计、整合为“世界市场开始出现—世界市场进一步拓展—世界市场初步形成—世界市场最终确立”，这样设计，使得教学效果更为明显。这意味着教师应充分研究教材并提高处理教材的能力，进而提高课堂教学效率。

【案例六】在必修一的第五课“罗马法的起源与发展”的教学设计过程中，可以设计以“共和国的罗马—意大利的罗马—地中海的罗马”为主线来构建知识框架。

“课堂教学的生成，既是预设的，又有过程状态的生成。”在课堂教学过程中，可以采用不同的教学手段，甚至是尝试使用“翻转课堂”打破传统教学模式，有意变换教学模式，从而最大限度地吸引学生，培养学生学习的主动性，以达到最佳的教学效果。

2. 培养史料解析能力，实现教学的优质高效

在高度重视教材基础知识、加强对教材资源的整合的基础上，树立能力立意的教学思路，注重对学生能力的引导和培养。在课堂教学的过程中，做到“以学定教”“以练督学”，教师要多围绕高考来进行学习方法和答题技巧的指导和训练，帮助学生学会学习，引导学生主动探索，提出问题并解决问题。教师要重视对《考试说明》中所提供的的题例、近几年高考试题进行研究，从试题中体会高考“怎么考”，从参考答案中体会“怎么答”。

在具体的解题技巧方面，还要加强对学生审题能力、材料信息提取能力、知识迁移能力和答案文字组织能力的培养。所以，在教学尤其是复习备考教学中，如何引导学生尽可能多地从材料中获取有效信息，提高学生对历史现象的解读和评价的能力至关重要。

五、建立有效的课堂评价体系，打造高效的课堂教学

课堂评价只是一种手段，课堂评价不仅是对学生学习成果的评估，而且是促进学生发展的重要方式。

在课堂教学过程中，教学评价显得尤为重要。尤其要关注课堂教学中师生的行为变化，最大限度地调动全体学生的积极性，这对改进和提高教学质量起着重要的导向和推动作用。教师要善于利用评价所提供的大量信息，适时调整课堂教学的生成，改善教学过程，不断地完善教学思路和教学设计。

在教学中，让学生通过学习来展示自己的才智，有利于提升学生的自主学习的能力，有利于促进学生学习积极性的增强，从而使学生养成自主学习的习惯，有力地保证优质、高效课堂的生成，乃至达到预设的教学效果。

六、课堂教学中存在的问题及现象

问题一：课堂教学中的教学定位不准，教学过程的模糊

现象：（1）游走在新课和复习课之间。

（2）游走在僵化预设与漠视生成之间。

课堂教学中存在着定位不准，教学过程过于模糊的问题。针对课堂教学过程中师生的行为变化，不能做到教学设计的优化，尤其是复习课更为明显，如应该拔高的部分没有上去，该淡化的却在强化。

问题二：政策性文件的虚用

现象：直接抛开考纲和课标，凭经验上课，必然带来教学过程中的偏差和误导，不深入对照、研究考纲和课标，在教学设计中，问题的设置和角度单一，甚至缺乏高考常用的史学观点。

问题三：教材整合能力缺失

现象：作为现行的人教版教材，是以模块化、专题式编写的，特点是线索

清，思路明，也存在着知识点散、结构松、框架糊的问题。而原有教材是通史范式，以时间为序，古今中外历史的知识脉络清晰，在教学上知识结构更易于学生的信息和掌握。

问题四：课堂教学中的“材料”使用“缺席”

现象：材料缺席，照本宣科；试题代替原始材料，针对材料试题不能道道必讲或对试卷中的材料的解释失之偏颇，随意删减，不加辨别，照搬照抄，为了验证自己所要说明的知识，甚至不加辨别加入材料，以致部分材料不符合史实或产生歧义。

问题五：高考备考试题研究与试卷讲评的“表面化”

现象：就试卷讲卷；就知识点讲点；试卷讲评成“鸡肋”。带高三的老师尤其要注意对试卷讲评的重视，最忌讳的是对答案、走过场。

七、生成高效课堂的应用所带来的思考

新的课程标准与新的教学理念对我们提出了更高的要求。

1. 要注重有效课堂教学，体现学生主体地位

“学生学习的过程不能仅是接受的过程，更应该是发现问题、分析问题、解决问题的过程。”教师要尊重学生的主体地位，积极创设宽松的教学情境与氛围，把教学的讲台变成双边教学活动的平台，鼓励学生大胆提出问题、主动参与。这就需要教师关爱学生、尊重学生，赢得学生对教师的尊重。

教师还要善于用自己的激情去感染学生，引导学生积极参与，主动探索。使“课堂教学成为既突出教师讲解又注重发挥学生主体的教学”，从而发挥学生的主体作用。持之以恒，就会实现课堂的有效、优质、高效。

2. 要重视和利用好多媒体，优化教学设计

在教学中，教师利用好多媒体教学设计来组织教学，把出彩的机会转给学生，在课堂上，使学生的学习积极性得到充分调动和展示。课堂训练的容量要增多，以使学习效果明显增强。同时，在教学中应做到传统教学手段与现代信息技术的互补与融合。因此，教师应尽可能地提升自身素养。

3. 要做到课堂评价有效，提高课堂教学效果

有效的教学评价可以成为师生之间的情感媒介。在教学中，教师对学生的

评价不应该只是关注学生掌握知识的正确或错误，更应该关注在教学过程中学生参与的态度、解读材料的能力，以及获得知识的过程与方法。课堂评价须注重学生之间的相互评价，教师评价语言也要有艺术性，以保证课堂教学评价的客观性。

4. 要实现高效课堂，重视课后反思

在教学中不断反思，在反思中不断提升。“没有反思和评价，就没有积累。”课后的反思，主要是对教学效果评价的反思。要对教学目的进行反思，对教学目标实现的“三个维度”进行反思，也要对教学设计与教学流程、教学策略的选择进行反思。对于不同班级的教学，通过对比找出差距和不足。

教学反思可以使我们捕捉到教学中的灵感，教学反思可以使我们的教学经验得到升华。在教学活动中，注重课堂教学师生的行为变化，通过调动教师积极的自我反思与实践活动。积极地寻找新思维、新策略、新史观并运用于教学实践。也只有这样，教师才能在反思中不断地提高自己的教学技能。

5. 要重视试卷析评，做到教学的高效优质

在历史的平时训练时，针对试卷的试题和题型进行分析和讲解，以教会学生怎么读材料、怎么审题、怎么找题眼。要引导学生“以练督学”“以练带点”，并做到让学生学以致用，这样不仅能提升解题效率，而且能提高教学质量。

此外，在课堂教学中存在一些问题，如“教学定位和过程的模糊”“学教材与用教材的关系不到位”“学法指导在实际教学中的作秀”“课堂教学中对材料使用的缺位”“教材整合能力的缺失”“学术引入教学的难度与效度”等面临的显性和隐性的问题，有待进一步思考。

总之，高效课堂不仅是一种理念，更是一种价值追求。在教学实践中，去创设有效教学设计，去生成有效的教学，去选择有效的学习方法，去完善有效的评价机制，做到从有效教学到高效课堂的生成与运用的优化。

信息化背景下的高中历史教学媒介与运用

高中学生为了应对高考需要在有限的时间内学习大量知识，这就意味着教师必须采用合理的手段进行知识讲解。信息化时代的到来使得各种新式科技设备涌入校园，教师利用信息设备辅助教学，既能够改变一成不变的传统教育的乏味局面，还能够有效改良高中历史教学的僵化氛围，为其注入新的活力。对此，教师首先需要革新自身的教学理念，将教学策略、目标、手段与信息技术相结合；其次充分发挥信息设备的优势，将历史知识的讲解过程变得更加可视化；最后通过多种信息化设备的辅助应用全面促进高中生历史学习综合素养的快速成长。

一、应用多媒体教学，改善学习状态

传统的历史课堂上多以教师讲、学生听的“灌溉式”的教学进行，高中生对于历史知识的学习大多处于被动接受的状态，以至于高中生在历史科目上的学习效率、质量皆处于较低的水平。多媒体教学作为当下最为常见的信息化教学手段之一，教师可以使用多媒体投影设备将书本文字内容变得可视化，通过视频、图片、影像等多种信息、数据的形式对课本知识加以展示，既能够为高中生带来全新的学习体验，还能够有效刺激高中生的视听感受，进一步集中高中生的学习注意力，从而逐步改善高中生当下的学习状态。

例如，教师在讲解“秦统一多民族封建国家的建立”时可以应用多媒体设备进行影像展示。秦朝作为中国最早出现的统一多民族国家，其诞生的过程是尤为艰难的，教师在讲述时则可以具体讲解秦统一的经过以及消亡的原因。春秋五霸、战国七雄的争斗给人民带来巨大灾难，而经由历代秦王的努力最终成就大一统的局面，教师在讲解该知识点时可以为高中生展示战国末期各国的分布图。公元前221年秦朝建立并定都咸阳，中央方面行皇帝制度，皇权至高无上，设三公九卿制度组成中央机构，地方实施郡县制，官员由中央任免及考核；经济、思想、文化方面统一度量衡、书同文、车同轨、统一文字，教师此时则可以展示秦朝的历史文献及图片，进一步加深高中生对秦治理国家方式的印象。教师结合多媒体影像进行知识讲解，既有利于使高中生更加清晰地了解到课本上的内容，还有利于降低历史知识的抽象性，从而在直观生动的影像内容观看中不断集中高中生的学习注意力，实现高中生学习状态的改善与提升。

二、使用微课教学，增强学习能力

所谓教学，即教师“教”、学生“学”，学习能力是高中生能够将教师所讲述的内容转化为适合自身运用的各种知识的能力。微课教学作为信息化教学的重要组成部分，它主要是由教师使用视频录像设备将以往的课堂教学内容通过精简、升华后录制在仅有5—20分钟的简短视频当中，而后高中生利用生活中的碎片化时间消耗少量流量即可下载观看。在视频录制过程中，教师仅需要将全部注意力放在知识讲解上，因此微课视频还具有内容细致这一特点。故而高中生在进行微课学习时不仅能够有效地节约学习时间，还可以更为轻松地掌握必要的知识点，并在独立观看时锻炼自身的自主学习能力。

例如，教师在讲解“两宋的政治和军事”时可以将其录制在微课视频当中由高中生进行观看学习。宋朝作为中华文明历史上最具特点的朝代之一，虽然国家经济实力一度达到封建王朝的顶峰，但在其背后却留下了种种政治、军事隐患。教师在视频录制时则可以针对上述内容进行分别讲述。政治方面宋朝统治者治国政策过于偏激，为加强中央集权过度削弱其他机构权力，对地方兵、权、财皆实施控制措施，从而降低了各级地方政府的行政办事效率。军事方面崇文抑武，派文官担任军队长官，将地方精锐纳入中央，使得军队战斗力弱、强干弱枝的局面出现。整体分析宋朝“三冗”问题也极其严重，“冗兵”导致军队素质低下、战斗力低下；“冗官”导致一官多职、工作易发生纰漏；“冗费”导致国家收入过多投入政治、军事，进一步加剧国家负担。“三冗”的局面导致北宋积贫积弱，社会矛盾不断激化，进而使得北宋灭国，而南宋偏安一隅再无强国可言。高中生通过观看微课视频进行学习，既可以保障不同学习水平的学生都能够在最短的时间内掌握全部知识点，还可以在更加浅显、详细的讲解中理解、吸收全部内容，因此，微课教学在增强高中生自主学习能力的同时，也能提升高中生历史学习的效率与质量。

三、运用网课教学，夯实学习基础

历史是以往时代发展经验、教训更具高度的展示，这就意味着其内容范围不会仅局限于书本教材之中。为了确保高中生能够拥有更加夯实的基础来面对高考及日后的学习成长，教师在教学过程中还需要进行拓展教育。网课教学作为对传统教育影响最大的信息化教学手段之一，它为教师提供全新教学地点的同时，充分扩大、扩张了历史教学的内容范围，使高中生足不出户在家中使用电脑等设备即可进行网络学习，从而在改善高中生学习环境的同时，还能扩大高中生的学习范围，使高中生可以在更加全面的历史知识学习过程中夯实自身的基础。

例如，教师可以在网课教学时带领高中生观看具有教育意义的历史节目。如《国家宝藏》，该影片为文博探索类节目，其内容主要是展示了各种国宝级别的精致古董，并详细介绍了每一件展出的古董的“前世今生”。高中生观看该节目不仅可以学到丰富的历史知识，还可以对历史的见证者——“古董”形成全新的认知。教师以课外视频观看的形式进行网课教学，既能够满足高中生的学习需求，还能够有效释放高中生的学习压力，在促进高中生多种历史知识融合掌握的同时，也能加速学生学习基础的夯实。

总而言之，信息化技术赋予了高中历史教学新的生命力，教师采用不同的信息化设备进行教学能够产生不同的效果，为高中生带来全新学习体验的同时，为高中历史现代化教育的发展起到重要的促进作用。

正确认知基于历史学科核心素养的教材新变化

随着新课程改革及课程标准的实施，以培养和提高学生的历史学科核心素养为核心的课程与教学的新理念被进一步提出。新课改以及新高考的跟进，对历史教师提出了更高的要求，因此，历史教师应认知历史学科核心素养，以应对由此带来的新变化。

一、认知历史学科核心素养

1. 历史学科核心素养的概念阐释

新课程改革提出的新理念首先是学科的核心素养。历史学科核心素养的概念是历史学科育人价值的集中体现，是学生通过历史课程的学习而逐步形成的具有历史学科特征的正确价值观、必备品格和关键能力。历史学科核心素养具体表现在唯物史观、时空观念、史料实证、历史解释和家国情怀五个方面。

那么，如何在教材中贯彻落实培养学生历史核心素养的新理念？要从教材的基本结构入手。历史教材作为一个整体，必修是基础，选修是必修基础上的递进与拓展。必修《中外历史纲要》是普通高中学生必须修习的共同基础课程的历史教科书，分为上、下两册，上册为中国史，下册为世界史。选择性必修是学生根据个人兴趣、升学需求而选择修习的课程，包括“国家制度与社会治理”“经济与社会生活”“文化交流与传播”三个模块。这就要求在教育教学过程中，必须围绕教材来落实核心素养的培养。

2. 理解教材中体现的唯物史观

统编高中历史教材要以唯物史观为指导，这也是历史学科核心素养的第一个方面。通过历史教材的学习，能够掌握必备的史实，并通过这些史实之间的相互关系，潜移默化地理解唯物史观所阐释的人类历史发展的规律性，进一步了解和认识人类社会的发展进程，拓宽历史视野，发展历史思维，提高历史学科核心素养，形成正确的世界观、人生观、价值观和历史观。

在宏观上理解历史的纵向发展与横向发展，教师要学习并理解经典著作对经济的社会形态，演进的参数及其对世界历史发展的阐述，加深对历史学学科基本特征的时序性和系统性的理解。

在使用教材时能够看到在必修教材中，无论是中国史还是世界史的内容，在讲述重要的知识点即历史事件、人物形象时都是根据历史的纵向发展和横向发展这两条纵横交错的线来安排的，而观照相对较长时段的历史，即以专题形式概括的面，也是在重要的点和基本的线的基础上呈现的相对完整的知识结构，这种安排体现在目、课、单元的编排中，需要注意到这种编排。

历史教材展示了中华民族5000多年的历史，其中，中国古代史即可以看到较为完整的中国古代的王朝更迭和各个朝代的基本特征，统一多民族国家的发展，中华优秀文化和独特文明的传承，我国北方少数民族对国家统一和发展的贡献。同时，通过对古代中国生产力的发展而引发的中国与世界其他地区交往的不断扩大，如丝绸之路、鉴真东渡、玄奘西行、唐城长安的开放气象，发明的应用和外传，马可波罗来华以及郑和下西洋等，使学生了解感悟中国对世界文明发展的贡献。

要引导学生理解统一多民族国家的形成与发展，以及古代的中外交流，使学生能够认识中华民族多元一体的发展格局，是历史发展的结果，从而更好地认识中国的国情，激发学生的民族自豪感，使学生树立民族自信心和自尊心，加深对祖国历史文化的认同感。

必修《中外历史纲要》上册展示的中国近代史这一时期正是世界历史横向发展对中国历史纵向发展的影响，教材叙述了晚清时期从鸦片战争开始，中国逐渐沦为半殖民地半封建社会以及中华民族的内忧外患和中国人民的救亡图存斗争，辛亥革命、五四运动与中国共产党的成立，抗日战争和解放战争等100多年的反帝反封建斗争。在教学中，教师要充分理解和讲述近代外部世界对中国社会带来的变化和对中国历史发展的影响，有意识地引导学生认识近代中国的民族苦难，是国内专制统治的黑暗腐朽和外国列强入侵造成的结果，捍卫国家主权和民族尊严，是中华民族的优良传统，知道救亡图存和实现现代化是近代中国人民奋斗的基本目标，知道民族民主革命的艰巨性，知道没有中国共产党就没有新中国的道理。

中国现代史，中国与外部世界的关系更为复杂而密切，教材叙述了新中国成立与建设的曲折，探索“文化大革命”与改革开放以及新中国成立70多年，特别是改革开放40多年取得的巨大成就，中国特色社会主义进入新时代等。

要通过教学，使学生知道中国社会主义初级阶段的基本国情，认识社会主义现代化建设是一个曲折漫长的过程，能从社会的不断进步和发展中体会到必须坚持共产党的领导，坚定建设中国特色社会主义的同时，看到中国与世界的联系日益密切，中国不断融入世界，在世界上发挥重要的作用，使学生初步理解中国与世界是相互依存、相互影响的关系，从而坚定为实现中华民族伟大复兴而奋斗的目标。

必修《中外历史纲要》下册，世界近代史十五六世纪至19世纪末，重点讲述新航路开辟在世界历史形成过程中的重要意义，西方人文主义和思想主义和资本主义制度建立的历史渊源，工业革命与马克思主义的伟大意义，资本主义世界殖民体系的形成与民族解放运动，以及资本主义世界市场不断扩大，全球联系不断加强。

教师要关注这段时期历史的横向发展与纵向发展之间相辅相成的关系，不仅要注意随着新航路的开辟，世界各地区资本主义文明的相对孤绝状态被日益发展的资本主义世界市场和殖民扩张打破，人类逐渐步入相互联系、相互依赖的阶段，同时要讲清资本主义在欧美日的发展，社会主义运动高涨和马克思主义诞生以及殖民地半殖民地民族解放运动蓬勃发展，也要注意资本主义发展对世界其他地区的影响，世界联系成为一个整体。

世界现代史，19世纪末20世纪初至21世纪，重点讲述两次世界大战，十月革命和苏联社会主义建设与改革以及国际秩序的演变，二战后国际关系中的冷战特点以及社会主义资本主义和新兴民族独立国家发展的历史进程，关注世界日益形成密不可分的整体，构成世界各国相互依存、相互竞争、相互影响的复杂局面。

教学中不仅要讲述资本主义的危机所引发的两次世界大战和美苏对峙的冷

战，看到社会主义制度从理想变为现实以及社会主义国家在改革中曲折前进；也要看到世界殖民体系瓦解，看到在和平环境下，世界经济在高科技推动下迅速发展，社会生活发生巨大变化，以及人类面临的各种严重问题；还要有意识地引导学生了解感悟当代世界，构成了世界各国相互依存又相互竞争的复杂特点，世界多极化发展，经济全球化，社会信息化，文化多样化在曲折中发展，中国的前途命运日益紧密地同世界的前途命运联系在一起，从而以开放的心态和开阔的视野看待世界。

3. 进一步对唯物史观的阐释

马克思主义认为，人类历史的发展是有规律的。新教材更好地体现了唯物史观。必修《中外历史纲要》整体结构是从纵向来看，马克思主义根据人类社会生产力与生产关系基本矛盾的不同性质，把人类历史发展分为原始社会、奴隶社会、封建社会、资本与社会主义社会和共产主义社会及社会形态，它们构成了一个从低级到高级发展的趋势，当然并不是所有民族国家的历史都完整地经历了这五个阶段，但是这个发展总趋势具有普遍性、规律性的意义。同样，从横向来看，人类的历史是从原始孤立分散的人群，逐渐发展为全世界成为一个密切联系的整体过程，也就是世界历史的形成过程，在历史的横向发展方面，物质生产的发展仍然是其推动力量。

可以说认识历史的纵向发展和横向发展的关系是互为条件、相辅相成的。纵向的重大历史现象，会对横向发展形成制约，横向发展，也会对纵向发展产生反作用，而推动人类历史纵向发展和横向发展的根本动力，仍然是生产力的发展。正是在纵向与横向发展的意义上，时序性和系统性是历史学科的基本特征，也是这套教材的基本结构。

4. 进行发展学生核心素养的历史教学

在教学实践中，教师要将教学目标、教学内容、教学过程以及教学评价等聚焦于培养和发展学生的历史学科核心素养。教师要全面理解核心素养的内涵及其具体体现，认识核心素养五个方面是一个相互联系的整体。既要注重对某一核心领域的培养，更要注意学生核心素养、综合表现的提升程度。

要合理整合教学内容，确定关键问题和重点难点，有效设计教学过程，努力创设各种问题情境，通过基于史料研习的教学活动和以学生为主体的自主探究活动，提高学生学会学习，学会自我拓展知识，学会运用知识，以及解决问题的能力，特别是解决陌生的、复杂的甚至不确定的真实问题的能力。

同时，在教育教学中，要注意以新情境下的问题解决为重心。学习情境，指在历史学习中遇到的问题，如史料图表历史叙述史论的问题。生活情境指在个人生活、家庭生活、社区生活中遇到的与历史有关的问题，如在今天长辈回忆观看影视剧、游览名胜古迹时遇到的一些问题。社会情境，指对社会问题的历史考察，如某种社会纷争的来源，某一国际争端的历史背景等问题。学术情境及历史学术研究中的问题，如历史学家对某一历史问题有多种看法等。

多维度创设试题情境考查学生在新情境下如何解决问题，如何把问题解决好，这有利于检测和评价学生的历史学科核心素养水平。

5. 树立发展学生核心素养的新教学理念

作为教师，理解教材体现的核心素养的综合培养，要教好基于核心素养新理念的教材，教师必须确立新的认知观、教学观和评价观，从知识本位转变为素养本位，将学生的知识学习过程转化为发展核心素养的过程。

历史教育是人的教育，但传统的历史教育过度在学科上发力，教师也常纠结于历史知识的容量和难度，忽略了历史学科的本质和历史教育的真正价值。

因此，重建历史教育价值的关键是实现由学科知识本位的教学转向以人为本的教学，要聚焦于受过历史教育的人所应具有的能力、习惯、气质、品格等，这就需要抓住新教材体现的核心素养的培养，将其全面渗透到教学中，正确引领历史教学的改革与发展。

二、认知新教材编写体例的新变化

1. 必修教材从编写体例上给学生历史发展大趋势的直观认识

《中外历史纲要》上、下册，均按照通史加专题的体例编纂，根据中国历史和世界历史的发展历程，根据时序的发展和空间的联系，设立单元内容，即“点一线一面”相结合，中国史共十个单元三十课，世界史共九个单元二十三课。单元的设计与课标的专题基本相适应。

【案例一】以中国古代史课标，中国古代史教材为例说明。

中国古代史·课标

1.1早期中华文明

1.2春秋战国时期的政治社会及思想变动

1.3秦汉大一统国家的建立与巩固

1.4三国两晋南北朝的民族交融与隋唐大一统的发展

1.5辽宋夏金多民族政权并立与元朝的统一

1.6明至清中叶中国版图的奠定、封建专制的发展与社会的变动

中国古代史·教材

第一单元，从中华文明起源，到秦汉统一多民族封建国家的建立与巩固

第二单元，三国两晋南北朝的民族交融与隋唐大一统的发展

第三单元，辽宋夏金多民族政权的并立与元朝的统一

第四单元，明清中国版图的奠定与面临的挑战

根据中国历史和世界历史的发展历程，按照时序的发展来看，从中国史的内容可以看到教材反映了统一多民族国家的发展和巩固，争取民族解放，国家独立的斗争，中国共产党领导的革命斗争和建设中国特色社会主义的伟大实践，实现中华民族伟大复兴，具体包括，5000多年中华文明史，中国人民近代以来170多年斗争史，中国共产党在马克思主义指导下的近100年奋斗史，中华人民共和国70多年的发展史，改革开放40多年，构成了中国历史发展的内在联系和大趋势。

根据中国历史和世界历史的发展历程，按照空间的联系来看，空间就是在时序的大框架下呈现各主题之间的不同空间联系，如中国史在发展过程中与世界其他地区、其他国家之间的联系，世界史在发展过程中与不同地区、不同国家之间的联系体现，包括中国在内的全球各国各区域历史的横向互动与共生，及其相互联系的不断强化发展。

这样的教材设计，使学生能够在不同的时空框架下理解历史的发展，从而形成历史发展的整体观，在今天世界多极化，经济全球化，社会信息化，文化多样化的时代显得尤为重要。

2. 从对历史的叙述中增强学生的史料史证意识和历史解释能力

教材对历史的叙述，本质上是在国家的要求下，在体现国家意志的前提

下，编写者对历史的理解和解释。

在正确的历史观指导下，编写的教材不仅是学生学习的范本，也是学生理解历史、掌握历史解释的正确方法、路径和范式的样本。因此，在教材编写中，应努力在符合高中生心理特征和认知发展规律的前提下，使内容线索清晰，层次分明，史论结合，重点突出语言精练兼顾具体性与概括性，使教材具有科学性、系统性、可读性、适用性。

同时，教材内容及重视在义务教育的基础上有所提高，也注意到全体学生毕业的实际情况，以及学生的升学和兴趣的多元需求。高中历史在初中历史的基础上，从简择要，更加注意分析性，使历史教育做到循序渐进。

另外，教材的课文正文全部用大字呈现，有理有据地讲述具体的史事，使学生能够通过阅读教材，感知连贯的历史思维和历史表达，从而提高对史料实证的认识，提高历史理解和历史解释的能力。

与此同时，教材中始终贯穿着家国情怀和国际视野，也会对学生产生潜移默化的影响。

三、教材整体结构的新变动

1. 进一步整合教材内容进行单元教学和主题教学

《中外历史纲要》的每本课本的内容可分为三个层次（教材基本结构）。

第一层次单元，教学可以围绕各单元所呈现的主题来进行内容整合。第二层次课属于各单元教学，也可围绕课来整合内容。第三层次教学目也是单元的有机内容，由于单元到课到目之间具有逻辑关系，因此，在整合相关课的内容，开展单元主题教学或整合相关目的内容，开展的主题教学，在高中学生已经在初中学习过通史的基础上，在课时任务重的情况下，也是完成教学任务的方法。还可以更大范围地进行整合，一是加强历史纵向练习的整合，将同一历史时期的中外史事整合在一起，使学生以更为宽阔的历史脉络进行学习；二是加强历史纵向联系的整合，对历史发展中有前后关联的内容加以梳理，将分散在各主题中的相关内容整合在一起，形成新的主题或设计出更有意义的教学内容。例如，在必修课程中国史的教学基本完成后，可以将中国疆域的发展整合为一个探究主题，在完成世界现代史的教学后，可以将“两次世界大战与国际秩序的演变”整合为一个探究主题。

分别设计综合探究的教学活动，组织学生运用已学知识，在问题解决中，提升历史学科核心素养。

2. 充分利用教材提供的各种材料和信息

教材的主体是正文，但是功能性辅栏也不是可有可无，教师一定要用足辅栏提供的材料信息和要求，引导学生深度学习，促进学生带着问题意识和证据意识，对历史进行探索，拓展历史知识的广度和深度。

例如，教材的每一课都有史料阅读和学思之窗（既有材料又有问题）的栏目，教师要引导学生研习这些史料，并扩大史料范围，通过史料研习展开对学生核心素养的五个方面的培育。

3. 教材与课标的有机结合

教师要注重将教科书内容与课程标准中的核心素养的水平划分、学业质量、学业要求等结合起来，实现核心素养的培养。

例如，每个学习模块后面都有学习要求，具体说明学生在学完这个模块后，应达到的核心素养的行为表现度。以必修为例，学习本模块之后，学生能够了解中国和世界上重要的历史事件、历史人物、历史现象等发生或存在的时间和地点、原因和结果（唯物史观、时空观念、历史解释），分别是对教科书学习内容掌握以及所对应的核心素养。

4. 根据学业质量水平评价学生核心素养达成度

要改变以往的作业（主要是知识的巩固和练习），要基于核心素养的学业质量观，更重视作业对知识的实际运用，将作业变为新情境下的继续学习和问题解决。

要改变作业题的简单复述、封闭结构、大量练习的情况，加强作业中对实际问题的解决，加强学生探究能力，创新思维的发展。

在对历史必修课程改变世界面貌的工业革命专题的学习评价中，教师可根据学业质量水平2，要求学生运用文献、实物、口述、图像音像、数字等多种史料，对工业革命前后生产力发展情况，工业革命后列强在世界范围内的扩张，世界市场形成资本主义发展运动以及民族运动兴起等方面进行论述。

四、教材功能性栏目的设计新变化

功能性栏目是教材结构的重要组成部分，功能性栏目的设计与创新的目的是综合提升学生的历史核心素养。必修《中外历史纲要》上、下册，根据时序加专题的发展设立单元内容。选择性必修3册，根据专题加时序的发展，设立单元内容，单元下设课、目，每课以正文为主体，正文一般3个目，也有2目或4目的情况，每课都辅以一些功能性栏目。

1. 完全创新的三个栏目

“学习聚焦”设置于每一目的标题旁，以精练的文字概括本目的基本内容或要点提炼，每一目设一个“学习聚焦”栏目，进一步有利于师生在阅读教材时就能抓住每课的基本内容，有利于学生的自学和重点难点的掌握，也有利于帮助学生提高综合概括的能力。

“学思之窗”配合课文，提供一段阅读材料后，提出问题，学生要读懂材料，再回答问题，这个栏目将课文、材料、问题三者结合综合提升学生的分析思考能力和历史思维能力。

“历史纵横”从时间和空间等角度扩展、补充正文内容，通过相关史实的讲述，揭示不同时空条件下历史的延续、变迁与发展。这个新栏目设计的目的是引导学生在学习本课时，能够观照与此种史实或历史现象的纵向或横向的相关史实或现象，更全面地理解和解释历史，从而进一步强化学生的时空观念，以及多角度、多维度理解和构建历史的能力。

2. 在原有基础上有所创新的栏目

“单元导语”概述本单元所涉及的主要历史内容和学习要求，便于学生学习新知识，了解本单元的内容线索和应掌握的必备知识。与以往单元导语以概述单元内容为主相比，统编教材的单元导语是将本单元的学习内容和培养学生核心素养的要求一一列出，使学生一目了然，做到心中有数。

“本课导入”设置于每一课的课文标题之下。通过导图和导入语，以情境导入的方式生动简洁地引出本课要讲述的内容。以往教材的本课导入大多是一段文字，较少见图文并茂的形式，相比统编教材的讨论导入，有图有文，更能帮助学生理解本科内容，增加学生的学习兴趣。

“探究与拓展”课后栏目包括问题探究和学习拓展：

“问题探究”结合每科内容设置一个思考题，主要目的是帮助学生进一步深入掌握本科基本内容。

“学习拓展”要求学生根据本课所学内容进一步拓展历史思维。

以往教材也有这样的栏目，但名称或有不同，本教材的设计内容相当丰富，力图让学生通过对相关材料问题的分析和思考，提高归纳与概括、分析与综合的能力，多角度提升学生核心素养。

3. 继承原有栏目

“史料阅读”配合课文提供简要的文献资料，作为知识的补充或拓展供学生阅读加深对正文内容的理解。与以往教材的相应栏目相比，本教材的目的更加明确，即配合教材，全面提升学生的证据意识和阅读分析解释史料的能力。

“思考点”紧密结合正文提问，学生可及时回答，以提高学生的兴趣和关注力，并训练学生的历史理解与历史思维能力。

“图表”指与课文内容相契合的各种插图和表格。图表一般配有详略不等的文字说明，加强学习的直观性。

教科书每册都设有一节精心设计的活动课，旨在进一步培养学生的合作探究能力。

五、新教材渗透主题教育

1. 社会主义核心价值观教育

这既是教材编写的重要指导思想，也是教材的重要内容。整套教材按照历史发展的线索，将社会主义核心价值观的内容分阶段、分专题呈现，通过具体、丰富的史实，让学生从历史的角度，具象地、生动地认识社会主义核心价值观的历史渊源和现实意义，感悟理解社会主义核心价值观的内涵和体现，从而建立社会主义核心价值观认同，知道走中国特色社会主义道路是历史的必然，树立中国特色社会主义道路自信、理论自信、制度自信和文化自信。

2. 中华优秀传统文化教育是新教材的重要内容

《中外历史纲要》上册中国古代史部分，重点反映了中华优秀传统文化。中国古代史部分共十五课，有三课13目集中讨论文化，涉及50多位中国历史文化名人，50余部科技文学著作。选择性必修三《文化交流与传播》设专门单元讨论源远流长的中华文化。这套教材的其他部分也有众多涉及中华优秀传统文化的内容，学生通过学习能够掌握中华优秀传统文化的丰富内涵，认识中华文化的历史价值和现实意义。

同时，通过对教材各册中世界历史发展多样性的教学，培养学生理解和尊重世界各国、各民族的历史和文化传统，树立正确的文化观。

3. 教材重视革命传统教育

《中外历史纲要》上册系统介绍了中华民族近代近100年的斗争历史，突出展现了近100年来中国共产党领导中国人民建设和改革的历史，介绍了毛泽东、周恩来、邓小平等老一辈革命家，突出介绍了中国抗日战争，从局部抗战、全面抗战到最后战胜日本法西斯，历经14年的史实，特别强调了中国共产党在抗战中发挥的中流砥柱作用，以及中国战场作为东方主战场，对世界反法战争胜利做出的巨大贡献，从而使学生认识到没有共产党，就没有新中国，只有在中国共产党的领导下，中国才能实现国家独立和民族复兴。

4. 更加注重民族团结进步教育

通过对中国统一多民族国家发展的论述，讲述了不同民族在国家发展中所起的作用，展示了不同民族在历史上的交往交流与交融，从而形成多元一体的中华民族的历史过程，讲述了新中国成立后的民族区域自治政策，讲述中国在世界舞台上尊重国家主权和民族平等，携手亚非拉国家反抗殖民统治的历史等，引导学生通过学习形成对中华民族的认同感，形成正确的国家观，以及形成民族观，增强民族自信心和自豪感。

5. 关注国家主权海洋意识及爱国主义教育

这也是教材的关注重点。教材以史实为依托，讲述西藏、新疆、中国台湾及附属岛屿包括钓鱼岛的澎湖群岛等，南海诸岛等作为我国领土不可分割一部分的历史渊源；通过了解历史上仁人志士反抗外来侵略建设强大祖国的不懈努力，让学生在树立正确历史观的基础上，从历史的角度认识中国的国情，形成对祖国的认同感和正确的国家观，涵养家国情怀。

6. 重视法治教育并贯穿生态文明教育

教材共涉及中外法律、法规、条约百余部（种）。通过介绍法制的起源、中外法治建设、法治与德治、国际法的起源与发展等，让学生充分认识中国的法治建设不断完善的过程，新中国法治建设取得的重要成就，中国对国际法完善做出的突出贡献等，从而让学生体悟法治的优越性等。

总之，新的课程改革在制定和教材编写的同时，也对专业和自身发展方面提出更高的要求，教师不仅要具备学科核心素养，具有整体化、结构化的必备知识结构，还要聚焦必备知识的深度教学，提倡批判性思维，进一步重视学生实践探究的活动教学。

不是教教材，是用教材教。教师的备课要由备教师怎样教变为备学生怎样学，这样才能将核心素养的新理念体现在教学中，润物细无声地提升学生的核心素养。

参考文献

［1］徐蓝，朱汉国. 普通高中历史课程标准（2017年版）解读［M］. 北京：高等教育出版社，2018.

［2］教育部. 普通高中教科书　历史　必修　中外历史纲要（上）［M］. 北京：人民教育出版社，2019.

［3］教育部. 普通高中教科书　历史　必修　中外历史纲要（下）［M］. 北京：人民教育出版社，2019.

［4］朱汉国. 普通高中课程标准实验教科书·历史·必修第一册［M］. 北京：人民出版社，2009.

［5］朱汉国. 普通高中课程标准实验教科书·历史·必修第二册［M］. 北京：人民出版社，2009.

［6］朱汉国. 普通高中课程标准实验教科书·历史·必修第三册［M］. 北京：人民出版社，2009.

［7］人民教育出版社，课程教材研究所，历史课程教材研究开发中心. 普通高中课程标准实验教科书历史必修1［M］. 北京：人民教育出版社，2009.

［8］人民教育出版社，课程教材研究所，历史课程教材研究开发中心. 普通高中课程标准实验教科书历史必修2［M］. 北京：人民教育出版

社，2009.

［9］人民教育出版社，课程教材研究所，历史课程教材研究开发中心. 普通高中课程标准实验教科书历史必修3［M］. 北京：人民教育出版社，2009.

浅谈主体性教育在历史教学中的关系和作用

主体性教育是以学生为本的现代教育理念，是以学生为本的教育。中学历史教学过程中的主体性教育，指学生是整个教学活动的中心，教师在教学活动中把主动权让给学生，使学生积极地参与到教学活动中，充当教学（双边教学）活动的主角，教师加以适当的指导。要实施主体性教育，教师必须更新教育理念，变传统的主导性教育为主体性教育，把学习的主动权交给学生，使课堂教学在教学实践中，成为体现主体性教育的有效载体。下面我结合教学实际，谈谈自己在历史教学中如何体现主体性教育。

一、更新教育观念，树立新的教育发展观

在历史课堂教学中，由于传统的“满堂灌”教学模式仍然在一定程度上占据着中学历史教学的讲坛。为了取得好成绩，保证升学率，教师往往把学生当成是被动接受知识的机器，仅以教师的讲为主，从而使学生失去了学习的主动性，丧失了学习的兴趣和求知的欲望，制约了学生运用知识的能力和创造性思维能力。因此，教师必须更新教育理念，变传统的主导性教育为主体性教育，把学习的主动权交给学生。必须变“以讲为主”为“教学互动”，即把课堂还给学生，充分调动学生的积极性，让学生主动地参与教学，使学生真正成为教学活动的主体，使课堂教学成为体现主导和主体的有效载体和媒介。

“观念决定思路，思路决定出路。”新的教育观念需要不断创新，这就给我们教师提出了新课题，新的教育发展观。教师要致力于全体学生主动地参与学习与发展，致力于创造宽松、愉悦的“教与学互动”的氛围，致力于发挥全班每一个学生学习历史的潜能和创新精神。同时，对教师自身又提出了新的要

求，教师要把握教材，树立以学生为中心的教育发展观，尤其是在全面了解学生的基础上，根据课程标准，突出教学知识的难点、重点的原则，对教材全面分析，抓住知识线索，把握教材层次结构，帮助、引导学生自己分析、归纳以培养和提高学生综合运用知识的能力。在教学过程中，利用教材中现有的知识和史料，拓展学生的学习视野和知识面，让学生认知学习历史的方式和途径去获取知识，真正把握和体现“论从史出”。从而使教师的“主导”作用变成了真实的指导和引导即主要在于帮助学生、培养学生学习的方法和目的，学生的主体地位也就发挥出来了，即学生是整个教学过程中的参与者和最终完成者。

二、以“新”助学，树立正确的教学观

从我国的教育现状来看，由单一的应试教育向全面发展素质教育转轨的过程中存在一系列问题，传统的教学表现为：①信息交流呈单向传输方式，即教师讲，学生听；②教师在教学中单独拥有权力，学生只在教师的控制和监督下进行学习；③教学基本上是以知识的传授为主，学生的情感、态度与价值观受教师的关注不够；④教学目标、教学内容以及教学方法、进程都由教师决定和负责，学生的任务就是彻底地应试和接受评定。在这种教育、教学思想的指导下，学生完全处于被动地位。随着新课程改革和现代教育发展的需求，以及由应试教育向素质教育转轨之际，历史课堂教学中要转变传统的教师观、教学观，必须改变“以讲为主”的教学方式，让教师成为学生主动学习、合作学习的指导者和组织者，使学生真正成为教学活动的主体。正确的教师观要求历史教师具备的素养包括：关爱学生、同等待生，具有现代教育理念和掌握现代教学手段，具有扎实、不断更新的专业知识和多学科的综合知识，具有一定的专业学科教学的研究能力。关爱学生、同等待生是前提，具有现代教育理念是核心。

高中学段的历史教学不同于初中学段的历史教学，是注重教学方法、培养技能，即注重“与其给之以鱼，莫如授之以渔”中具备的“鱼”和“渔”的关系。同时，要求历史教师要具备“三种能力”，即具备通过历史教材、图片、史料等历史素材从资料中提取信息的能力；具备历史知识的横向与纵向的比较，把握它们之间的联系和因果关系的能力；具备运用唯物史观，通过事件

（历史现象）揭示历史本质和引导学生总结历史发展规律的能力。在教学中教师的课堂角色发生了变化，在许多时候不再是“讲授者”，而是充当教学的“组织者”，活动中由“以讲为主”的教学模式转变为“教学互动”的教学模式。

在历史课堂教学中，原有的教学模式将教师视为知识的传递者、能力的培养者、思想品德的教育者，使得教师在教学方法上采取讲述法（讲解法）为主，教学活动中以师生单一的教学互动为主。现提出素质教育，树立创新的教师观、教学观，让教师成为学生主动学习的组织者和指导者，使教师明确和切实把握“教”是为了学生的“学”，以“导”促学；研究教法也要重视学生的学法，重视教学效果，更要重视学生参与教学过程。从而使课堂教学能够成为既突出教师讲解又注重发挥学生主体作用的教学过程，同时在教学教法上吸收传统教法，并注重能力培养教学的目标，注重启发和引导。最终达到教学相长、合作学习，教师与学生相互促进的目的。

三、以“导”促学，展现主体性教育的关系

学生既是认识的主体，也是发展的主体。教师对学生要区别对待，因材施教，使每个学生在原有基础上得到发展。学生是教学的主体，教师要关爱学生、同等待生。了解学生是备课的前提，这就是把学生放在主体地位的教学观下进行备课，依据课程对教材的教学目标和要求进行教学设计，着重设计由师生共同参与的学习活动。关爱学生、平等对待学生，在此前提下从面向全体学生出发，确定落实的基本知识和认识；从爱好历史、成绩较好的学生出发，确定应增加的知识和认识；从对各层次学生有可能提出的问题做出初步估计；从让学生参与并设计课堂上适宜学生开展的活动，合理安排学生活动的时间来组织教学、指导教学；鼓励学生主动参与课堂行为变化。

教材大纲上所要求的能力培养、唯物史观等教学目标，通过课堂教学才能真正得到落实。同时，课堂教学中增强学生的主体意识，鼓励学生勇于提出自己的观点和看法，把课堂变成启迪学生心智、积极思考对历史表象的再现，让学生在平等愉快的教学气氛中上好每节课。教师也要在灵活地调动学生在学习的课堂气氛中上好每节课，了解和把握学生的思想动态。

四、注重合作学习，发挥主体性教育的作用

现代心理学研究指出，学生学习的过程不能仅是接受知识的过程，更应是发现问题、分析问题、解决问题的过程。这个过程一方面是学生产生疑问、暴露困难的过程；另一方面是展示学生聪明才智、形成独特个性与创造新成果的过程。作为以教师为主体的教学模式，在教育教学过程中体现在组织教学，教学情境导入，教学互动，认知和掌握新知，巩固训练、拓展思维，教学反思等方面。这种课堂教学结构有利于传授知识，但不利于培养学生的能力，必须转变这种教学模式，使学生成为教学活动的主体。在教学实践中采用设疑、小组合作学习、启发引导、整理思路，归纳破题（释疑）、掌握和运用知识的能力等，作为课堂教学目标和方式。首先，设疑（提出问题）是创设情境教学的先导，是将精心组织和设计教学的问题在教学初始阶段展示给学生，要有意识地在教学中通过设疑创设问题情境，制造悬念，引发联想，激活思维，探索解答，并作为培养智能发展的切入点。这样引起学生的有意注意，促使学生集中思维，以培养学生认知历史知识和问题的能力。其次，在课堂教学过程中，要充分尊重学生，根据教材内容，在学生阅读并归纳的基础上可以以小组合作学习、互动的形式展开讨论，于讨论中增强学生的主体意识和独立分析问题的能力。再次，在学生分组合作学习、互动讨论、交流的基础上，教师要有的放矢，引导学生重点交流在讨论中存在的疑问和知识点，并加以启发和指导。最后，是归纳破题（释疑），教师通过引导学生、帮助学生，提高学生掌握和运用知识的能力。通过以上课堂教学互动，学生就能整合与掌握知识。学生在课堂教学互动中得到了充分锻炼和“热身”，学生的学习潜能和创新能力不断提升。这时教师既可以进行归纳、概括，也可以让一名学生对全课的主要内容进行概括；既可以按教学目标、要求，板书本课的知识要点，也可以指导学生写本书知识教学提纲，最后根据本课的板书或提纲对全课的内容做系统的归纳和总结。

这也正是中学历史教学新课程标准中对课堂教学的关键所在。帮助学生形成整体观察，认识历史的观点、态度和方法。通过对课堂教学互动的认识和实践，使学生在实践中继续探索，不断地学习和提高。从而更好地在历史教学中推进素质教育，真正地体现学生的主体地位。

试论对历史教学中史料信息处理能力的培养

在高中历史教学中，“史由证来，证史一致；论从史出，史论结合”一直是历史学科特有的教学思维。因此，如何在高中历史教学中充分运用史料，并运用史料培养学生的历史信息处理能力，成为高中历史教师研究的重点。在实际教学中，史料教学的有效性是突破高中生史料学习能力的重要途径，更是教学活动中的关键步骤。因此，要想提高高中生的史料信息处理能力，则需要从信息提取、分析和理解等方面进行针对性教学。

一、高中历史教学中培养学生史料信息处理能力的重要意义

（一）提升高中生的历史思维能力

在高中历史教学中，最主要、最基本的教学任务之一就在于培养学生的历史思维能力。通过对学生进行历史思维培养，可使其认清历史事实，并通过再现和再认的史实，去解释一些历史现象，掌握历史的发展过程，并对历史发展和历史事实进行客观评价。在高中历史教学中，史料信息处理是贯穿历史思维发展的全过程的，涵盖史料信息获取、整理、归纳等各个过程。在历史教学中应用史料信息处理，可充分培养学生的抽象思维、创造思维和逻辑思维，并使学生的历史思维能力逐渐提升。因此，在高中历史教学中，有针对性、有目的性、有计划性地培养学生的史料信息收集能力和处理能力，可提升学生的学习效率，以获得理想的历史教学效果。

（二）探索规范化的学习方法

受到传统应试教育体制的影响，高中历史在课堂教学中仍存在“满堂灌”的教学现象，学生处于被动接受知识的教学地位。在此种课堂教学中，教师的

教学方法存在缺陷，学生的学习方法也存在不科学、不合理的情况，造成学生“不会学习”“不主动学习”，使学生的学习积极性大打折扣。高中历史教学要在培养学生史料信息处理能力的基础上，不断探索规范化的学习方法。英国著名的历史教育学家汤普森提出：学校的历史学习是接触知识和反映知识最直接的方法，其次才涉及历史实际情况以及历史实际情况的具体发展。从汤普森的教育言论中可以看出，在历史学习中，学习方法占据着不可或缺的重要作用。历史教师和高中生都要明确这样的观点：历史学习的意义并非仅仅是弄清历史是什么，而是要同步关注获得历史知识和信息的方法和过程。在推动历史学科发展的过程中，史料是非常重要的教育教学资料，且在历史教学中体现出重要的地位。在高中历史教学中培养学生的史料信息处理能力，可提升史料教学在高中历史教学中的有效性，转变被动的课堂教学模式，提升学生的综合素养。

（三）培养学生的辩证思维和唯物史观

在人们对社会问题和历史问题进行观察和研究的过程中，最科学、最直接的方法就是辩证思维和唯物史观。同时，这两种研究方法也是历史学科中最为重要且最基本的思维能力和思维方式。辩证思维要求我们要认清历史发生的原因、结果、形式、内容等多个层面，看清现象与本质的关系。在对历史现象进行评价中，不可单纯地使用对或错进行评价，要用辩证的思维方式进行思考，避免出现一边倒的错误理论。在唯物史观的要求和引导下，我们需要秉承实事求是的态度，并通过观察历史的发展轨迹，对历史的发展规律进行探索。因此，高中历史教学中对史料信息的处理，需要先对历史史料的真伪进行鉴别，进而整理、归纳，并最终得到历史结论，培养学生的辩证思维和唯物史观。

二、高中历史教学中史料信息处理能力的培养策略

（一）史料选择要具备适宜性

在高中历史教学中培养学生的史料信息处理能力，首先需要选择适宜的史料内容。在选择史料内容时，需要从史料过多或过少的现象中，选择合适的史料信息，并对史料信息处理结果进行有效预测。在历史教学中，选择适宜的史料，不仅可培养学生的思维能力和学习能力，也可让学生用历史的眼光去看待

历史事件，并从客观的角度评价历史现象和历史事件。因此，教师在选择史料的过程中，要保障所选择的史料与教学内容联系密切，也要符合教学目标和教学活动的实际需求。所选择的史料数量不宜过多或过少，保障史料与课程教学内容的内在平衡，从而提升历史教学效率。

（二）优化教育教学手段

随着社会的进步和科学技术的发展，高中历史的教学手段也在不断变化中。随之，多媒体技术、投影仪技术在高中历史教学中起到了辅助教学的重要作用。历史知识的理论性相对较强，而只有将历史知识以形象、直观的形式展现在学生面前，才可激发学生的学习积极性，并加深学生对历史知识的理解和认知。因此，在高中历史教学中，教师要积极使用多媒体技术，将历史知识形象地展示在学生面前，使学生对史料信息产生认知和思考。例如，在讲解“鸦片战争”一课时，教师可利用多媒体展示当时的社会状态，以及人们的生活状态等。通过直观的画面，可让学生将自己的情绪融入其中，激发学生的学习积极性，并让学生从整体上学习历史知识，最终获得理想的教学效果。

综上所述，在高中历史教学的大环境下，教师要对学生的历史学习能力进行衡量，培养学生用史料信息处理能力解决历史学习中面临的实际问题，从而获得历史知识，形成正确、科学的历史意识。作为一种重要的历史思维方法和研究方法，史料信息处理需要结合教育学、历史学以及信息传播学等多学科理论，并根据史料信息处理的内在思路进行深入剖析，为高中历史史料教学提供全新的教学思路和教学观念。并通过培养高中生史料信息处理能力，以获得理想的教学效果。

第三辑

教学杂论

《普通高中历史课程标准（2017年版2020年修订）》中提出高中历史课程的基本理念：“以立德树人为历史课程的根本任务，坚持正确的思想导向和价值判断，以培养和提高学生的历史学科核心素养为目标。”在新的课程理念下，“历史课不是为了学科而存在，而是为了学生的发展而存在”。历史教学的现状，迫切要求教师重新整合教材内容，改革教学模式，为学生的发展着想，体现出“一切为了学生，为了一切学生，为了学生的一切”的教育理念。

重视教材目录　构建历史学科知识体系

在高中历史学科多年的教学实践中，我对教材的整合和学生在学习中存在的问题，做出自己的思考：如何使用教材目录？我力求利用好教材目录这一学习平台，并在教学过程中也不断尝试、不断追寻历史教学规律与教材的衔接点。重视教材目录，让我对教材目录的认知也有了深化和提升。

作为历史学科教师，我尤其强调重视教材目录，重视教材目录中的各单元知识，以及重视单元内的各课知识的关系，并在教学中引导学生去认识、去发现、去探讨、去总结各单元和各课知识之间的内在联系。

重视教材目录，尤其是利用好教材目录，对高考文科的专项复习尤为重要。在平常的教学中，针对高一学生采取“导纲、导学、导练、导思”的教学思路；针对高二文科生进一步强化学科的整体认知，引导学生利用好教材目录，形成以单元为基础的知识体系，并每个单元逐一进行整理、归纳；针对高三一轮、二轮复习教学重视和利用好课本目录，能起到理清思路、理顺各章节知识结构的作用。

一、认知教材目录，搭建目录与教材的平台

教材目录本身的作用在于引领我们从整体上把握有关单元章节的相关内容和史实，从宏观上加深对课本知识的理解，引导学生理清线索，抓住单元章节的历史特征及思路。

在多年的教学过程中，我对目录的认识也是源于教学偶得。“课本（教材）就仿佛是学习上的‘根据地’，而目录又恰是这个‘根据地’的中心区。”“什么时候也不能丢掉这个‘根据地’和中心区”，可见教材目录的重

要性。

在组织高三文科生进行一轮、二轮复习的过程中，如何提升复习效率，对考纲与课标的内容如何把握？可以说学生对课本已有知识的掌握程度是很到位的，但缺乏系统的知识结构和体系。为突破教学瓶颈，在短期内要做到每单元、每本书的知识体系和知识面完整，首先要有相应的知识结构体系。同时，在引导学生一轮教材复习及二轮专题复习的基础上，对学生提出新的要求：在充分掌握教材主干知识的基础上，把教材目录背下来，这是至关重要的一步。并要求学生对必修一、二、三中的每个单元及课题理解记忆。学生经过一段时间强化记忆训练，效果非常好。

无论是政治学科，还是历史学科、地理学科都要把课本上的目录背下来，这种方式对提高文综成绩非常管用。所以复习教学中反复要求学生抓住课本的框架，去背熟目录和小标题（课本中的教学目），并把课本中每课内的教学目抄录（或默记）在目录的对应课题边，这样大大节省了复习时间，提高了复习时间的利用率，复习效果明显，做到了教材目录与课本知识的结合。

二、利用教材目录，构建学科知识框架与体系

历史学科的复习同文综其他学科相比，尽管“政史地不分家”，同时，政治、历史、地理学科也有不同的特点。在历史学科的复习过程中，引导学生利用教材目录，建立知识框架，让教材知识点在脑海中“复制”，排列有序。在复习教学中，根据教材目录，看看学生能否根据目录依次回忆各章节的知识内容，再忆其中每单元、每课里的教学目（小标题）及子目等知识。

【案例一】学习教材必修一的第一单元“古代中国的政治制度”专题知识时，共四课内容，第一课是“夏商西周的政治制度”。针对这课内容，应回忆再现三个教学目是“从禅让到王位世袭”“等级森严的分封制”“血缘关系维系的宗法制”，同时，应归纳出五个制度即禅让制、王位世袭制、分封制、宗法制和礼乐制度，一幅地图即《西周分封示意图》以及隐含的文史常识、姓氏的由来等。

【案例二】必修二第二单元“资本主义世界市场的形成和发展”由第五课“开辟新航路”、第六课“殖民扩张与世界市场的拓展”、第七课“第一次工

业革命”、第八课“第二次工业革命”共四课组成。围绕第二单元资本主义世界市场这一知识体系和教学主线，在组织教学和复习本单元时，本人分别以“资本主义世界市场开始形成（雏形）→进一步拓展（扩张）→基本形成→最终形成”这一过程直观地展示给学生，引导学生构建本单元（专题）知识结构和体系。这样本单元知识的内容不仅线索清晰，而且复习起来达到了复习效果。

通过在复习教学时强调利用好教材目录，抓住每个单元（专题）知识主线，来构建学科（单元）知识框架并形成知识体系，这样很方便地把本单元（本课）所有知识点加以迁移和联系，从而加深学生对历史知识的把握与理解，使学生形成较为完整的知识框架体系。

三、梳理教材目录，深化学科知识体系

重现教学目录中以单元为主体构成的知识结构框架，这既有利于梳理课本具体知识，又有利于整合单元专题知识，使单元知识条目化、具体化、系统化。从而在整体上把握每单元内纵向、横向知识结构。

针对教材必修一是政治史，必修二是经济史，必修三是文化史的体例，历史学科所体现出时间、空间跨度大，知识覆盖面广的特点，利用教材目录中单元（专题）知识结构对历史知识进行整合、归纳，可以将分散于不同教材、不同的单元知识，按一定内在的联系或专题重新加以筛选和组合，从而使知识系统、直观，以便于进一步的理解和掌握。

【案例三】人教版必修一的第三单元“近代西方资本主义政治制度的确立与发展”中的第七课“英国君主立宪制的建立”，课堂教学中可以将本课知识加以重新整合为一条主线：“追求民主—建立民主—完善民主”，效果明显，学生学得轻松，易于理解和掌握。

【案例四】人教版必修二的第三单元“近代中国经济结构的变动与资本主义的曲折发展”中的两课内容，其中第十课“中国民族资本主义的曲折发展”，在复习教学时对课内知识加以重新定位、整合，对知识横向与纵向进行重现：分别以数轴标注年代的形式呈现重大史实（事件），以荣氏家族企业的百年兴衰史为载体，以中国民族资本主义的发展历程这三种不同方式呈现。

教师应给学生以不同的呈现方式、不同的课堂效果，做到立足于教材，但又高于教材，将历史纵向、横向知识加以具体化、系统化，深化学科知识体系。

四、运用教材目录，提升教学的有效性

“会读书的人都很看重目录。”在教学的过程中，随着师生课堂教学主体行为的变化，可以利用课本教材形成知识框架。同时，回归课本，以课本教材为依托，进一步挖掘课本教材目录隐性知识和功能，掌握教材目录，以利用教学和指导学生复习。

历史学习其实是有规律可循的，在学习实践中应不断探求学习方法和思路，善于学习、善于思考、善于总结。在常规教学与复习教学实际中，通过师生课堂行为变化，通过多角度、多层次地激发学生学习的潜能，“以练带点”，从而达到提高学科教学的有效性，进而达到预期的教学目标和教学效果。

正确认知历史课堂教学中的师生行为变化

“学起于思，思源于疑。”疑是思的先导，思是疑的创造性延伸。学习的过程实际上是一个不断产生疑问并解决疑问的过程。新课程的核心理念是“为了每一位学生的发展”，在新课程中，课堂活动发生了变化，教师的课堂角色也发生了变化。新课程设计是让问题成为知识的纽带，强调通过问题情境来引导学生参与、思考，让学生通过设计一系列问题并解决来进行学习。

在中学历史教学的课堂行为变化中，学生是整个教学活动的中心，在教师设计的各种教学活动中把主动权让给学生，学生应积极地参与到教学活动中，充当教学活动的主角，教师给予适当的指导，以把握素质教育在历史课堂教学中的功能。下面我将结合教学实际，谈谈自己在历史教学中对师生行为变化的认识。

一、对传统教学技能的正确认知与更新

新课程倡导自主、合作、探究式学习，并不是不要接受性学习。对教师而言，传统的教学技能不但不能抛弃，而且还要使传统的教学技能在新的教学理念浸润下，更加鲜活与生动。过去的课堂，在教学中反映的往往是教师和少数学生的声音，缺少大多数学生的参与活动。教师过于注重自己教学行为的演示，这种演示主要是教师的课堂控制和个人的表现。于是，学生就成了“配角”和“观众”，课堂教学成了忽视学生存在的教师单方面活动。新课堂，是师生进行交往、互动的场所。教学的过程，是师生沟通和交往的过程。在新课堂中，教师从教学材料中获得了解放，教师不再是教教材，而是在用教材，教师将减少对教学参考资料的依赖，使课堂的重点由教的过程变为学的过程，学

生成了课堂的主要表现者。

二、正确认知教师本位，强化育人意识

历史教育不可能回避人的政治思想和道德修养的教育，这是由历史知识本身具有认识和情感的因素决定的。通过历史课去影响学生的世界观、人生观和价值观，实现历史课的情感和价值教育目标，是历史教师的职责。当教师作为知识的传授者时，教师的职业是可以被同等学力的人代替的；当教师作为学生发展的促进者时，教师的职业才具有了不可替代性。从我国的教育现状来看，由单一的应试教育向全面发展素质教育转轨的过程中所显露的一系列问题，固然存在教育体制方面的原因，也存在着教师自身综合性素质和教育教学思想相对滞后的深层次原因。随着新课程改革和现代教育发展的需求，以及由应试教育向素质教育转轨之际，历史课堂教学不再过分注重知识的传授，学生获得知识与技能的过程同时成为学会学习和形成正确价值观的过程。改变了过于强调接受学习死记硬背机械训练的现象，倡导学生主动参与，乐于探究，勤于动手，培养学生收集和处理信息的能力、获取新知识的能力、分析和解决问题的能力以及交流合作的能力。

随着新课程改革，高中的历史教师必须转变教学观念，改变传统的教学模式，积极探索新的课堂教学模式，充分发挥学生的主体作用，给学生留有更多的自由空间。通过合作学习，引导、鼓励学生积极思考、解疑。使课堂行为变化的目标和重心转移到培养、提高能力上来，在课堂教学学生行为变化中引入新理念，使学生积极思考，勇于创新大胆质疑，努力提高自己的认知水平和综合运用能力。

三、正视教育主体，展示“主导”育人地位

教育的功能是育人，学生是教学的主体，要关爱学生、同等对待学生。了解学生是备课的前提，这就是把学生放在主体地位的教学观下进行备课，依据课程对教材的教学目标和要求进行教学设计，着重设计由师生共同参与的学习活动。关爱学生、面向学生，注重面向全体学生，确保“双基”的落实，关注爱好历史、成绩较好的学生，抓对知识的认知和运用能力的培养；以不同层次

学生有可能提出的疑问来组织教学、指导教学；鼓励学生主动参与课堂行为变化。

教师对学生关注的程度不同，所带来的教学过程和影响也不同，表现为：教师关注的不同必然带来对学生观察点的不同，带来对学生的认可和态度不同，导致对学生激发的方向和动力不同，使得教学效果和学生发展的目标不同。把教学的目标和要求转化为学生自觉的行动，变“要我学”为“我要学”，到“喜欢学”，逐渐使学生依据现有课本知识和课堂教学去培养自己的创造性思维、综合运用知识的能力。事实说明，许多教育效果都源于教师对学生的教育关注。

现在内地学校出现备课（备教材）的教案和学案，学案是备学生的具体反馈，教师在教学备课中也尝试着进行备教案和学案，使教学目标更加明确和教学任务的细化，取得了较好的教学效果。

四、注重课堂行为变化，凸显“主体”地位

课堂教学行为变化包括组织教学，教学情境导入，教学互动，认知和掌握新知，巩固训练，拓展思维，教学反思等方面的变化。必须注重教学行为变化，在教学中培养学生的发散思维、能力的运用。首先教师要尊重学生的主体地位，积极创设宽松的教学氛围，把教学的讲台变成双边教学活动的平台，鼓励学生大胆提出问题、主动参与。爱因斯坦说过：“提出一个问题，往往比解决一个问题更重要……而提出新的问题、新的可能性，以及从新的角度看旧的问题，需要有创造性的想象力。”教师应在教学实践中采用以设疑、小组合作学习、启发引导、整理思路，归纳破题（释疑）、掌握和运用知识的能力，引发自己的课堂教学行为变化。通过开展以上内容和形式的课堂教学互动，使学生对课堂的主要内容做到对知识的整合与掌握。

对课堂行为变化和教学知识层次的整体认知、整合、应用，体现了课堂行为变化中教学互动的有机结合，也满足了课堂双边教学的“双边”交流的需要，达到了课堂教学互动“正效应”的目的。

理顺史料题型　做到巩固提升

在历史课上，结合史料，引导学生走进史料题型，认知史料题型，让学生理解材料型试题分为材料型选择题和材料型非选择题这两类题型。材料型选择题又分为单一型选择题和复合型选择题，对材料型试题的解答方法归纳如下。

一、材料型试题（选择题和非选择题）的解析思路

1. 把握材料的“两要素”

（1）材料本身包含的信息（范围、内容）。

（2）材料的出处（时间、人物、国籍、刊物）。

2. 答题的“三来源”

（1）材料本身所包含的信息（知识点）。

（2）依据材料提示，从教材中找联系。

（3）材料与教材所学知识的结合。

3. 解题与审题的“两个最大限度”及组成来源

（1）最大限度地提取材料内容（本身）→罗列出所含知识点（信息）。

（2）最大限度地将所含知识与教材相关知识有机结合，对比、罗列出相关知识点。

4. 紧扣问题条件组织答题，注意给定的限定条件（时间、空间、对象、内容）

（1）规范、条理化地罗列知识点。

（2）参看分值罗列知识点。

（3）根据答案内容由主→次（依次）罗列出知识点。

（4）答案内容包含材料本身的归纳与教材的整合。

（5）答题中核心是“审题”（看清楚题目限定条件）。

（6）尽可能地用学科语言组织答题（学科专业术语答题）。

二、解析材料型选择题的分类和方法

1. 选择题的分类

（1）单一型→单纯的教材料内容。

（2）复合型→以材料为主的与教材相关内容（以外的知识，信息）。

2. 解析的“两关键”

（1）审定的“关键”

一是题干（目）中的核心（内容是什么）→题目本身。

二是题干（目）中的中心问题（关键词）→题目问题本身。

（2）判定的“关键”

一是教材内容（本身）。

二是材料内容（本身）。

三是教材和材料除外的新问题。

3. 选择题选项的选定“三标准”

（1）潜意识→无意注意（或有意注意）的知识储存（印象）。

（2）认定（认知、肯定）法→直接判定。

（3）否定（排除）法或“排异法”。

（4）混排法（对组合式选择题更加适用）。

三、学会把握历史学科“关键中的关键”

最后阶段，是抓住历史学科最后复习阶段关键中的关键。

（一）抓关键词或中心词语

回归课本（材料）准确记忆：回归不等于把课本从头到尾再看一遍或再背一遍，如果说以前是把课本学“厚”，现在的任务是把课本处理“薄”；学生要有计划、分阶段地浏览教材，以强化对课本中细节知识和史实的识记，增强答题准确性，择题部分更是要求答题语言具有准确性。

抓关键词（中心词），把课本处理“薄”的方法就是抓中心词，中心词语是按教材叙述中的“术语词”“性质词”“概括词”等关键性词语，如果说以前的学习是背“句”“段”，现在就是理解“词”。

（二）认真对待试卷——笔记本摘抄的多关注

看做错的题：要针对做错的题作错误原因的分析，并引以为戒。

看做对的题：做对的题也要看，琢磨其中的要求。

看相关的知识点：无论是做错的题还是做对的题，都要复习题中所涉及的相关知识点。

（三）熟悉热点问题

抓热点的一般性规律去发现同类问题的背景和成因规律，调动所学知识进行政、史、地学科知识的迁移。

（四）反复练习解题步骤和解题方法——反思提升

1. 归纳解题步骤

一般分以下步骤：读题—审题—解题—答题（可找问找条件，再将条件去问一一对应，按条件解答）。

2. 反复训练解题步骤

将以上的步骤程序反复训练。

3. 反思错题

合理安排时间，完全没必要把宝贵时间浪费在做题上，对每次练习的错题要有针对性地解决。错题暴露了考生知识的薄弱环节和思维方式的缺陷，错题往往具有盲从性、反复性（顽固性），须反复强化才能加以掌握和解决。

问题教学法在历史教学中的应用

“问题教学法”是一种启发式教学方法。“问题教学法”是指把知识以问题的形式呈现给学生，让学生在自主解决问题的思维活动中掌握知识、发展智力并培养技能。“问题教学法”强调以学生为主体，用问题来激发学生的学习兴趣，注重调动学生学习的积极主动性。

高中阶段的历史课程内容比较深奥，学生对于历史知识理解起来也比较困难，为了能够调动学生在高中历史课堂上的积极性，使高中生充分理解高中历史课堂中的知识点，教师可以借助问题教学法展开教学，让学生在历史课堂上根据问题进行思考。

一、以课程重点设计为导向，发挥主体作用

在教师为学生设计历史问题的时候，可以根据课程的重点为学生设计问题，通过引导学生主动参与，调动学生历史学习的兴趣，并让学生在历史课堂上开始关注历史课程的重点知识，从而使学生在课堂上掌握历史重点知识。因此，教师在开始授课前，要根据课程内容，找到相应的重点知识，并设计出相关问题，以便在课堂上顺利向学生提出问题。

以第六课“全球航路的开辟”为例，教师在授课前，可以提前了解到此课的课程重点，并有针对性地为学生设计问题。我在教学时，便阅读了课程的相关资料，了解了此课程的教学重点，讲了新航路开辟的动因、条件和过程，以及新航路开辟对不同区域文明的不同影响，理解新航路开辟对人类从分散到整体发展过程中的重要作用。因此，在教学新航路开辟的动因时，我便向学生提问：“地理大发现”是指什么运动？世界的发现是指什么？两者有什么关系？

新航路开辟的动因是什么？通过这样的问题，将学生带入对课程重点内容的思考中，让学生开始对此课程的内容产生兴趣。在提问过程中可以培养学生大单元学习理念，学生可以从租地农场、工场手工业促进商品经济的发展和资本主义萌芽的发展，在思想方面产生了文艺复兴运动，在经济方面产生了新航路开辟都促进了资本主义萌芽发展。在学生积极回答的表现中，展现对于历史课程的兴趣，从而促进学生的历史学习获得更大进步。

二、以创设历史情境设计问题，引导互动交流

在高中历史教学中，教师对于问题教学法的应用还可以通过根据历史情境设计问题的方式实现，教师在课堂上为通过学生展示一段历史情境，并根据情境设计问题，让学生结合情境来进行自主学习、交流和讨论。情境设计的展示能够充分促进学生之间的交流和表达，让学生在课堂上交流彼此对于历史情境的看法，这样便能使学生在历史的学习中获得更多收获。

如教授第六课“全球航路的开辟”内容时，我组织学生表演了一段新航开辟时期哥伦布发现新大陆的历史情境。其中一位同学扮演哥伦布在宫廷与国王谈论：“地球是圆的，坚信从欧洲出发向东航行就能到达东方印度，那里非常富裕，我们要到东方印度开拓殖民地赚取财富。”西班牙国王很高兴就决定派哥伦布开辟欧洲海上到东方印度的航路。哥伦布提出条件——先进的船只，船上配备指南针、食物、富有经验的水手。哥伦布率领船队出发，面对艰难毫不退缩终于到达美洲。

教师在教授“新文化运动与马克思主义的传播”这一课内容时，可以在课堂上为学生设计历史情境，并根据情境提出问题，让学生进行交流。我在此课堂中，组织学生表演了一段新文化运动的历史情境。其中一位同学扮演在街上卖报纸、杂志的青年，拿着一些报纸喊道：“《新青年》出刊了！《新青年》出刊了！”接着，另一位同学扮演购买的进步青年，说道：“给我来一份。”于是当街阅读，一边阅读一边兴奋地分享给自己身边的同学，说道：“快看，胡适出新文章了，这写得太好了，我们快拿给大家看一看吧。”在这一历史情境表演完之后，我便根据这一情境中的内容对学生提出了问题：“新文化运动的思想主张是什么呢？”学生对于历史知识的理解和把握得以更加深入。

三、以问题教学进行归纳、梳理和总结

在高中历史教学中，为了能够让学生不断从历史中总结规律，教师还可以通过让学生对于一些历史习题的答案进行整理和总结的方式，从中寻找经验，让学生在总结中了解到今后应当如何解答一些规律性的问题。如教授第六课“全球航路的开辟”内容时，针对四位航海家，归类画表格，阅读材料总结影响；学生回答总结，教师点拨，归纳答题技巧，总结答题规律，有利于提高学生解决问题的能力。

例如，教师在授课“第一次工业革命”的时候，会涉及第一次工业革命的影响、后果及启示等问题。此时，教师便可以让学生对其他历史事件中的这类问题的答案进行总结和分析。学生在总结的过程中，便可以发现，这一类型的问题基本上可以从对社会的影响、对人的影响、对生产力的影响、对自然环境的影响等方面进行回答。因此，学生在今后解答关于某一历史事件的影响类问题时，便可以从这些角度出发进行思考，进而做出回答。

综上所述，在高中历史教学中，教师对于问题教学法的运用，可以通过以课程重点设计问题的方式，调动学生对于历史课程的学习兴趣，让学生跟随历史问题进行思考；可以通过以历史情境设计问题，促进学生之间的交流和表达，逐渐深入解读历史问题；还可以通过让学生以对问题答案进行总结的方式，帮助学生掌握更多问题的解答方式。由此，问题教学法的应用能够使高中生对历史知识的理解和认识更加深入。

学科专题（大单元）教学设计下的课堂教学及运用

——以《中外历史纲要·上册》第一、二单元教学设计为例

著名教育心理学家皮连生在《教育心理学》中预测："今后教学设计关注的不仅仅是一个学科中的某一知识点的学习过程，也不仅仅是学习的认知过程，而应从人的整体发展的规律和角度去进行设计。"

在当下的历史新教材、新课标的基础上，新课程标准指出，"基于历史学科核心素养的课程内容主题设计和在大时序框架下设列若干小专题的呈现方式"，结合新教材的通史体例的专题采用大时序小专题的方式呈现。这进一步要求在进行《中外历史纲要》（上）专题教学设计时，运用时序性思维，以单元（专题）教学设计来处理好单元、单元内每课及每课内各教学目的关系。

一、从历史学科角度看单元（专题）课程教学设计与运用

（一）单元（专题）课程教学设计以问题为导向进行再认知、再设计

《普通高中历史课程标准》修订后，将必修课程改为通史，由三个模块（必修一、二、三）改为一个模块（中外历史纲要）。作为中外历史纲要课程，内容分为中国古代史、中国近现代史和世界史三个部分，每个部分的内容均在历史时序的框架下，由若干个学习单元（专题）构成，通过中外历史上的重要事件、人物和现象阐述中国历史和世界历史发展的进步趋势和规律揭示人类历史由低级到高级，从原始、孤立分散的人群逐渐发展成为一个密切联系的

相关的整体的过程。

高中的历史必修课程，应该在初中已经学习过中外通史的前提下，继续夯实学生的中国通史和世界通史的基础，为全体学生的终身发展打好基础，并由此进行单元（专题）教学设计。

（二）专题（大单元）教学设计的拓展

针对历史课程的设计要符合普通高中课程方案的规定，与现有阶段的课标相比较，初中历史课标的突出特点是强调历史的时序性。在内容设计上，采用点—线—面结合的呈现方式，点是具体生动的历史事实，线是历史发展的基本线索，面是建构知识框架，学生可以在掌握历史史实的基础上理解历史发展的过程。

当下的高中新课标在做好初高中历史知识的衔接的同时，进一步强调历史的时序性思维，力图以专题形式，在点、线、面等方面体现历史发展的基础性和多维性。借助单元（专题）教学设计，从而使学生进一步了解和认识人类历史演变的基本脉络，提高学生的历史学科的核心素养。

（三）认知学科单元（专题）教学设计方式的呈现与运用

在认知学科单元（专题）教学设计的同时，把握各单元（专题）设计呈现方式不尽相同。

1. 在大时序框架下设计若干个小专题的设计呈现方式

基于历史学科核心素养的课程标准内容主题设计和在大时序框架下设计若干个小专题的设计呈现方式，这种大时序小专题的设计方式下的专题基本涵盖了中国历史和世界历史的最重要内容，引导学生进一步通过对相关史事的整体认识，深化对人类历史发展基本脉络的认识。

2. 专题的设计和呈现方式，更加关注初高中教材的衔接关系

高一历史教学更加关注初高中教材的衔接。在课程专题设计上关注三方面：一是关注对历史发展的较长时段的概括。例如，设计的第一单元的早期中华文明、春秋战国、秦汉、三国两晋南北朝、隋唐大一统等。二是关注提炼每个较长时段历史发展的主要特点，各个专题或单元的名称力求体现历史发展阶段的重要特征。例如，第一、二单元里的春秋战国时期的政治、社会以及思想变动，三国两晋南北朝的民族交融与隋唐大一统的发展等。三是关注初高中教材衔接的联系与贯通及两者的区别。进一步拓宽历史视野，强化历史思维，提高学科核心素养。

【案例一】以第一单元的第三课和第四课，要求学生通过了解秦朝的统一业绩和汉朝削藩、开疆拓土、尊崇儒术等史实认识统一多民族封建国家的建立以及巩固在中国历史的意义。这是在初中学习内容基础上，将相关内容重新整合为单元（专题）教学设计，重点在于启发学生通过秦汉历史的学习，进一步形成对秦汉以来中国历史发展的基本特点是大一统的认识，体现了学科核心素养。

（四）各单元（专题）教学设计体现相互之间的时序关联与运用

各单元（专题）之间以时序相连接，反映中国各朝代不同历史时期的时序关联，也包括中国历史和世界历史发展的系统性，这些都有助于培养学生的时序性思维。

【案例二】在时序的大框架下，各专题之间也具有不同的空间联系。中国古代史四个单元（专题）涵盖中国历史上所有的王朝。第一、二单元里的春秋战国时期的政治、社会以及思想变动，三国两晋南北朝的民族交融与隋唐大一统的发展等。不同政权时期的单元（专题）框架之间也具有不同的空间联系，各个专题或单元的名称力求体现历史发展阶段的重要特征。

二、理解第一、二单元（专题）教学设计的课标教学及运用

（一）把握单元（专题）教学设计和课标内容的解析与运用

单元（专题）教学设计以第一单元专题以中国历史的时代演进顺序展开，叙述分为“从中华文明的起源到秦汉统一多民族封建国家的建立与巩固”，其又分为中华文明的起源与早期国家、诸侯纷争与变法运动、秦统一多民族封建国家的建立、两汉统一多民族封建国家的巩固四个方面。本单元（专题）讲述从中国远古境内远古人类起源到东汉灭亡的历史，时间跨度大，涉及的社会形态多、概念多，时代背景也很复杂。课文与课标之间的专题联系紧密又有所区别，各科的设置概括该时期历史的主要内容、特点又考虑到课程内容含量的大小，存在着历史发展的内在逻辑关系。

同样，单元（专题）教学设计以第二单元专题基本按照从三国两晋南北朝到隋唐的朝代顺序来叙述，分别从制度变化与创新、民族交融、区域开发及思想文

化等方面展开。本单元（专题）讲述的是继秦汉大一统后，中国进入三国两晋南北朝分裂时期和隋唐大一统时期的历史，这段历史大致处于公元3—10世纪三国两晋南北朝时期，该时期是中国历史的承上启下阶段，隋唐时期是中国历史发展的又一高峰。民族交融与大一统是本单元的核心概念，也是本单元教学重难点。

（二）进一步把握第一、二单元（专题）目标与整体教学思路

通过学习，单元（专题）教学设计进一步认知和把握第一单元专题的内容，既有长时段的历史发展延续性，又有阶段性的特点，知识点多、重点多，认知关键点在于把握相关历史发生的背景。

单元（专题）教学设计进一步认知和把握第二单元专题的教学要注重梳理这段历史发展的基本线索，引导学生运用唯物史观的立场、观点和方法，在时空的框架下把握重要历史现象和重要历史事件，理解这段历史进程中的变化与延续、继承与发展，构建这段历史发展的前后联系，认识大一统是历史的基本趋势和规律，培养学生掌握必备的历史知识和技能，使学生拓宽历史视野，强化历史思维，提升历史学科核心素养。

三、单元（专题）教学设计下的课堂教学的范式及运用

通过对单元（专题）教学设计的认知，以利于更好地组织教学。随着单元（专题）教学设计的运用，在实际教学中，根据不同的学情需要有不同的教与学的方式，不同知识类型也需要有不同的教与学的方式。

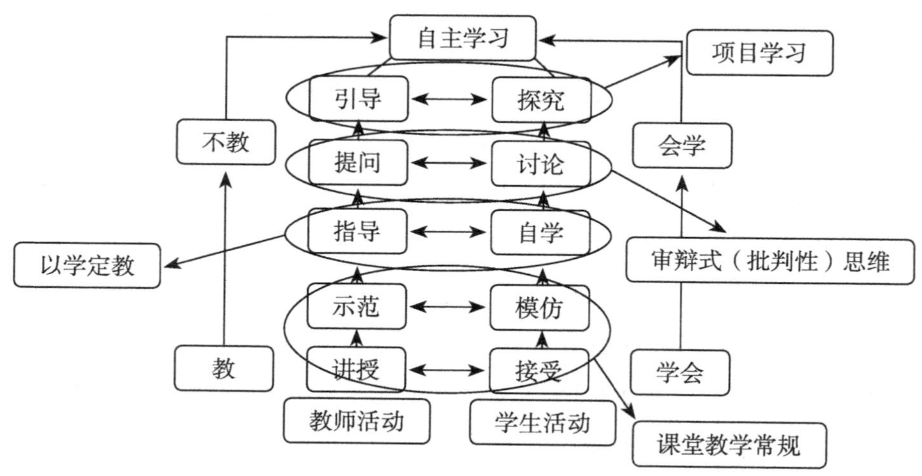

（一）单元（专题）教学设计下的指导法课堂教学的运用

将单元（专题）教学设计下的指导法运用在课堂教学过程中，对高一学生的课堂教学而言是适用情境与教学目标的。高一学生掌握了一定的历史知识，有了一定的学习基础，但缺乏独立自学能力。在教学过程中，教师提出自学要求，使学生在教师指导下自学，通过设疑—释疑—解惑，较牢固地掌握知识，关注学生的学习质量、学习习惯的养成，达成学生学习方法的掌握。同时，在教学策略方面关注对学生的预习指导、学法指导、作业方法指导，引导学生会读书，不断积累学习方法。

（二）单元（专题）教学设计下的引导法课堂教学的运用

在教学过程中，教师遵循发挥学生的主动性的原则，使学生通过发现问题、提出问题、分析问题、创造性地解决问题等步骤去掌握知识，多给予学生思考的机会，为学生的探究提供线索，培养学生对学科的兴趣与热爱，激发学生探索问题的求知欲。同时，在教学策略方面，教师是问题设计者、探究者和引导者，要关注学生，具备强烈的问题意识，通过设计学生渴望探究的问题类型，以满足学生个性化学习需求，培养学生以发散性思维为核心的能力。

总之，单元（专题）教学设计下的课堂教学，要依据新课标，从历史学科角度认知和运用单元（专题）课程设计，根据不同的学情、不同的课型和知识类型采用不同的教与学的方式，以利于更好地组织教学。一般都是采纳教学五环节：组织教学、导入新课、讲授新课、巩固新课、布置练习。从课堂教学常规角度认知学科思维的思维五步法为：提出问题、分析问题、提出假设、验证假设、创造性地解决问题。随着单元（专题）教学设计的运用，作为单元（专题）教学设计下的课堂教学，重视课堂常规教学，关注课堂教学中师生行为变化，通过以学定教，以教督学，以练带点，不断地强化历史思维及学科高阶思维，以利于提升学生的历史学科的核心素养。

细化教学环节　提升课堂效率

——以“罗马法的起源与发展”为例

在高中历史学科的教学实践中，学科教师根据学校就如何选题、教材处理等教研活动安排，在高一历史备课组进行了选题——“罗马法的起源与发展”，通过备课，就这课教材处理、教学设计、教学流程进行讨论、交流和指导；高一历史老师进行了同课异构教学活动。通过授课老师在不同班级进行授课、听课、评课，我对同课异构教学活动有了进一步的认识和提升，并拓展了对教育教学技能的思路，可以说收获很大。

通过本次教研活动，我深刻认识到教育教学的核心与教学环节的重要性：一节课的成功与否，教学效率的高低，很大程度取决于教师处理教材的方式、方法，以及对教材的重难点的把握和突破上。所谓教材处理就是教师将教材内容进行深入的分析、加工和组织，使之转化为有利于学生接受的教学内容。教材处理是教研活动的重要组成部分，也是一名教师所应当具备的基本功。教材简单并不等于教学流程简单，简单的教材也有着丰富的教学内涵。这就要求教师在解读教材的基础上进行创造性的处理，把静态化的教材进行动态化的处理。据此，我认为处理好教材是一个教师进行教学的第一步，它决定了整节课的质量和课堂教学效率。

一、依据课程标准和教辅资料，不断提升业务水平

新课程一个突出的理念就是树立终身学习的观念。不仅对学生如此，对教师来说更是如此。孔子曰：“温故而知新，可以为师矣。”在教学过程中，

我们每位教师都应加强学习，不断学习，提升自己的理论和业务水平。这一方面有利于强化教师对教材的理解；另一方面有利于从宏观上确定教材的体系框架，避免因片面割裂三本必修教材，导致传授知识的不全面。

以必修一的第六课“罗马法的起源与发展”为例，本课时空跨度较大，学生构建知识体系较为困难。但是古罗马的法律制度又是人类文明的重要组成部分，是人类优秀的文化成果，它上承古希腊政治文明，下启近代资产阶级革命。对于这一点只有通识整个必修一才能深刻领悟，这样就可以为学生呈现完整的宏观体系框架，构建连贯的时空体系。

二、利用教学资源，创设教学情境，引导学生探究学习

通过课前备课我们知道本课理论分析较多，并涉及法律制度，难以创设教学情境。但是，教材是各位专家精心编制的，每一部分的设计都是为教学服务的，教师应当深入钻研教材，特别是利用好“学思之窗”和“历史纵横”等栏目，变被动为主动，积极创设教学情境，引导学生探究学习和自主学习。“罗马法的起源与发展”中“学思之窗”给出了《十二铜表法》的部分条款，要求学生认识当时的社会性质。教师完全可以利用这一内容，依托教材所提供的原始材料创设情境，请学生在分析法律设置的意图和作用后，指出法律是统治阶级意志的体现，进而明确罗马法旨在维护奴隶主阶级的利益。

三、梳理教材线索，把握教材知识体系

在对“罗马法的起源与发展”一课的教学过程中，一些问题是需要注意的：本课涉及诸多政治名词，如成文法、公民权、自然法等历史政治概念，学生难以理解。这就对教师处理教材的能力提出更高要求，因此每一位教师理应充分研究教材，提高处理教材的能力，进而提高课堂教学效率。而这时就可以利用现代互联网技术查阅资料并对搜集到的资料进行学习和整合。

四、精心设计教学情境，构建教材知识体系

板书是教师对新知识教学的最直接反映，板书设计的合理与否直接折射出教师教学思维清晰与否。对于本课的“同课异构”而言，理论知识较多，略显

枯燥。如果教师能够利用板书化繁为简，那么就能将各个知识点串联起来，起到事半功倍的效果。此外，本课宜采用图解法，便于学生理解和记忆。

五、积极设计教学流程，形成教材知识体系

编写教案是开展教学研究、提高教学研究能力的过程。教学过程从某种意义上讲是通过合理的方式，把以教材为主体的知识传授给学生并达到培养学生能力、发展学生智力的目的。如何做到合理的传授是备好课、写好教案的关键。这就需要教师在编写教案时，不断地认真探究历史学本身的知识结构和体系，深入研究学生的心理特征、学科的认知水平及学生的认知规律，优选与教材内容和学生特点相适应的教学方法进行施教。

因此，认真备好课，写好教案，对于教师开展教学研究，提高教学水平无疑是很有价值的。在编撰“罗马法的起源与发展”的教案过程中，应当深入地研究课程标准、教材、学生等因素。在教学过程中，教师不仅要研究本课的知识体系、学生的认知水平和层次，而且要分析教材的编写意图和教材特点，进一步分析教材的知识结构、体系和深度与广度，特别是要以古罗马帝国历史的发展为背景，分析各时期罗马法的特点，进而明确教材的要求、重点和难点，分析知识的价值功能，酝酿设计教学过程，确定教学方法。

认知历史教学中"点—线—面"知识结构及其迁移

在历史教学过程教学中，将"点—线—面"知识结构加以迁移和运用，有利于促进学生对历史学科的学习。由于学生对知识重点、难点、热点、考点的识记和理解存在着差异，在教学过程中，师生课堂行为的变化也是随着教学内容的变化而带来差异性的教学结果。学生通过对整体上的学习，可以把握教材章节的纵向、横向知识结构，学会通过历史现象，掌握历史史实或事件，厘清历史知识的线索和思路，归纳历史特征，以把握历史本质，从而形成历史知识结构。

一、认知"点—线—面"知识结构在历史教学中的迁移

历史教材中的每册教材有若干章（单元），每章有若干节（课），每节有若干教学目，以此为线索构成的以章（单元）为主体的知识面，对应每节组成这一章的知识线索，每节有若干教学目（知识点）构成"点—线—面"知识结构。同样，每节的若干个教学目、教学目的若干细知识点，也构成以节—教学目—知识点为知识整体的"点—线—面"知识结构。

通过将章（知识面）—节（知识线索）—子目（知识点）串起来，构成点—线—面知识结构，可以引导学生在宏观上对课本知识进一步认识、把握并加以运用。

二、运用教材章节的导语，搭建知识结构的平台

历史教材每章的前面都有导言，它的作用主要在于引导学生从整体上把握有关章节及相关内容的历史知识和史实，从宏观上加深对章节知识的理解。以引导学生学习和厘清基本线索，培养学生抓住历史特征的能力。

【案例一】人民版《普通高中课程标准实验教科书历史》（必修第一册）“专题五——现代中国的对外关系”的导语部分，就简明扼要地告诉了我们本专题的如下内容。

（1）中国的现代化历程就是中国走向世界、世界走向中国的双向互动过程：从新中国成立—20世纪50年代—20世纪70年代—改革开放之后，中国的重大外交举措与世界局势的变化息息相关。

（2）新中国初期的外交奉行独立自主的和平外交政策以及和平共处五项原则的提出，在国际上产生了深远的影响。

（3）我国外交关系的突破是在20世纪70年代，随着中美关系的缓和，中日邦交正常化，使中国的对外关系出现了全新的局面。

（4）改革开放后，随着国际形势的特点和现代化建设的需要，对外交政策做出重大调整，取得了令人瞩目的外交成就。

导言是章节知识在宏观上的阐述，在复习各章知识之前阅读和理解导言，能做到对章节内容心中有数；在复习各章知识之后，导言的阅读能进一步使知识融会贯通。

三、利用教材目录，构建知识结构体系

在教学复习阶段，使用教材形成知识网络。回归课本，以课本为依托，进一步挖掘课本目录隐性知识和功能，尤其是在高考第二阶段有限的教学复习时间内，学生复习课本时，利用和掌握教材目录，以利于指导复习，也可收到明显的效果。

回归课本、重视目录是提高历史学科成效的有效方法，在教学复习过程中，利用好教材目录也是一种尝试和途径。重视和利用目录的“三步曲”：通过再忆（再认）、理解、归纳等学习活动，发挥学生的主观能动性，培养主动

学习意识，增强知识的整体概念，提高综合技能，达到厚积薄发的学习效果。

【案例二】利用目录，以人教版（选修）《世界近代现代史》上册第三章“资本主义世界体系的初步形成和社会主义运动的发展”为例进行复习教学指导。本章第一节是总论，后面的五节是分述。复习时，抓住本章的“一个中心三股潮流”。从目录来看，这六节内容正是它的具体表现。重视和利用目录，通过它掌握各章、节的教学目及子目的具体内容，有利于学生强化和巩固已学过的知识。

四、梳理章节知识，进行知识结构的整合

在课本复习的二轮教学过程中，所涉及的历史史实更多，历史现象及不同时期的特征更为纷繁复杂。学生在学习和复习时困惑颇多，甚至对一些章节知识结构把握不准。

应重视以章（单元）为主体所构成的知识面，从而既有利于梳理章节知识，又有利于整合专题知识，使知识条目化、系统化。进而，在整体上把握每章节纵向、横向知识结构，以利于学生学好历史学科。

【案例三】利用课本章节，仍以人教版（选修）《世界近代现代史》上册第三章“资本主义世界体系的初步形成和社会主义运动的发展”为例进行复习教学指导。本章是高考命题的重点章节，历年高考中所占比重较大，以各种题型出现在高考试题中。本章复习的关键是要从经济基础出发，去认识和观察上层建筑的变革。在本章复习教学中，一定要注意章节知识的内在联系。本章共六节内容，其实讲的是一个问题，即工业革命及其影响，第一节是工业革命的三个影响，第二节、第四节围绕生产力方面的影响展开，第三节围绕社会结构的变革展开，第五节、第六节则是从国际方面展开的。

由此可见，利用课本章节的体例，既有利于学生找到知识的内在联系，也有利于学生从整体上把握章节的知识结构。

五、利用专题归纳，深化历史的知识结构体系

对于文科生来说，既要进行细致的记忆，又要从整体上把握知识点的内在联系。世界近代现代史的时空跨度大，知识覆盖面广。利用专题归纳，可以将

分散的知识按一定的内在联系重新加以组合或归纳，从而使知识系统、简明、直观，便于理解和掌握。

1. 历史史实中的横向联系

可以是同一阶段、同一时期的横向联系。

【案例四】1860年的《北京条约》，中国与英国、法国、俄国分别签订，而与美国未签订，是因为美国内战。

2. 历史事物本身的纵向联系

对章节知识的学习，每讲完一节（课），对所讲历史史实和事件的原因、结果、意义的再分析是很重要的，只有这样知识结构才比较完整。

3. 注意学科知识的深度和广度

对学科知识的深度和广度的理解和把握取决于老师，“老师有一分把握，学生就有一分把握”。认真备课，精心组织，精讲精练，使知识条理化、系统化。

4. 学科间的交叉和联系

一般意义上，文科是不分家的。高考的文科综合就充分体现了学科的关系，就不再举例。

“学会学习比刻苦学习更重要。”学习是有规律可循的，只有不断地在学习实践中探求学习方法和思路，灵活地学习、运用各种方法和手段，善于归纳和总结，并加以综合运用，才能提高复习效率、达到预期的教学目标和教学效果。

参考文献

[1] 新成长学习研究机构. 如何有效改善你的学习技能［M］. 北京：中国商业出版社，2007.

[2] 人民教育出版社历史室. 全日制普通高级中学教科书（试验修订本·选修） 世界近代现代史下册［M］. 北京：人民教育出版社，2006.

[3] 中华人民共和国教育部. 全日制普通高级中学历史教学大纲（试验修订版）［M］. 北京：人民教育出版社，2003.

[4] 朱汉国. 普通高中课程标准实验教科书·历史·必修第一册［M］. 北京：人民出版社，2009.

有效教学的关键环节——提升课堂学习效率

课堂教学40分钟或45分的有效教学是提高教学质量的关键。理解和记忆是学生求知的两个翅膀，理解是前提，记忆是关键，理解有利于记忆，记忆也有助于加深理解。

一、学生认知学习的“三个层次”：苦学，要学，会学

第一个层次：苦学。“刻苦，再刻苦。”处于这个层次的学生，通常认为学习是一件苦差事体会不到学习的乐趣。这样的学习受顽强的意志支配着，一旦意志消沉，就会产生厌学的情绪。第二个层次：要学。学习兴趣对学习起到重要的推动作用。自觉的态度常使这样的学生取得好成绩，又促使这样的学生对学习产生更浓厚的兴趣，并产生良性循环。第三个层次：会学。处在这个层次的学生，有正确的学习方法，学习效率高，学得轻松，能很好地运用知识，提升能力。

二、预习与听课效果

听课效果越好，所学功课的成绩越好；听课效果差，则成绩也比较差。

每节课就40分钟（或45分钟），课堂的时间利用效益决定了课堂教学的效率。在课堂教学过程中，学生在课堂上不仅要获取新知识、复习旧知识，还要跟踪学习任课老师处理问题的思维方法，锻炼分析问题与解决问题的能力。

所以，听课是学习最有效的学习途径，课堂上不认真，课下要加倍地努力才能赶上来。如何做到会听课？学生在高中阶段所要学的知识量非常大，这就要求学生更多地进行学习、理解、联系与思考，而非单纯的死记硬背。所以

要强调学生通过预习，提前发现新课中的难点，等上课老师讲到时就会格外注意，同时提前预习可以帮助学生抓住主线，更好地把握知识的脉络，快速跟上老师的思路，从而保持积极的听课状态。

也许有人会说：预习重要是重要，可作业都做不完，时间那么紧，哪有时间预习？确实，高中阶段的学习是够紧张的，但学生只要是留意一下就会发现，那些班里成绩好的同学与成绩中等的同学一个显著的区别就是前者做作业快，效率高。在相同的学习时间里，他们可以留出10—30分钟的时间用于预习。如果预习了，听课效果就好，作业做得就快，预习的时间自然就节省出来了，良性循环就是这么形成的，这就是提前预习的重要性。如果时间确实很紧，那又该怎么办呢？建议学生：一是对于听课效果好的科目，少预习或不预习；对于听课效果差的科目，还是要狠挤时间来预习。二是单科课程的预习时间控制在8—15分钟，主要是把握整体知识内容，记录或记住个人不懂的地方和课程重点，方便在听课时在此处集中注意力。三是实在没有一点时间预习，那也可以通过在课前的课间花2分钟快速浏览接下来的学习内容，从而快速进入听课状态。

三、听课与记笔记

前面的预习准备得当了，那就意味着课前有了基础，现在最关键的是时刻能跟上老师的进度，积极思考。要是课上跟不上老师的节奏，就很难抓住老师讲课的主线。如果时刻感觉被牵着走，会没有自主思考的时间。有些学生会在课堂上拼命记笔记、抄板书，这个出发点是好的，但在课堂上就不能充分理解老师讲的内容，课后还需要花更多的时间去整理内容，这就得不偿失。

我给学生总结记笔记必须具备“三用”，即有用、实用、管用。

那么，课堂上应该把握记笔记的“三原则”则是：一是宁可笔记记不全，也要先听老师讲课的内容；二是课本上讲述很详细的内容，不再做详细的笔记；三是不抄老师的板书，而是重点记老师的分析思路与解题方法。

坚持这三个原则，不仅能提高听课效果，还能获得宝贵的复习资料——课堂笔记。在听完课后，还要即时复习以巩固当天所学的知识，因为遗忘是一种自然规律，要对抗遗忘那就只有不停地复习，并形成有计划性、周期性的复习习惯，从而将所学知识深深地印入脑海。此外，关于听课的方法要是细分的话还有：听视并用法、听思并用法、五到听课法、符号助记法、要点听课法、主动参与法、目标听课法、质疑听课法、存疑听课法，等等，毕竟学习方法适合自己的才是最好的。

四、给学生的忠告：不要因为喜欢或不喜欢某个学科或老师而不去学习

不要因为不喜欢某个学科或老师而不去学习。在课堂教学中，要认真听课，只要心里不排斥课程，就能把心理活动指向和集中在学习的对象上，使感知觉活跃，注意力集中，观察敏锐，记忆持久而准确，思维敏锐而丰富，从而激发和强化学习的内在动力，调动学习的积极性。

辨析中国古代帝王的庙号、谥号、尊号和年号

中国古代的帝王除有姓名之外，往往还有庙号、谥号、尊号和年号。这些称号多见于史书。年号、庙号、谥号都有什么不同?

一、庙号

庙号始于西汉，止于清朝，是封建皇帝死后，在太庙立室奉祀时的名号。一般开国的皇帝称祖，后继者称宗，如宋朝赵匡胤称太祖，其后的赵光义称太宗。也有个别朝代前几个皇帝皆称祖，如明朝朱元璋称太祖，其子朱棣称成祖。清朝努尔哈赤称太祖，福临（顺治）称世祖，玄烨（康熙）称圣祖。但是在隋以前，并不是每一个皇帝都有庙号，因为按照典制，只有文治武功和德行卓著者方可入庙奉祀。唐以后，每个皇帝才都有了庙号。

二、谥号

谥号是后人根据死者生前事迹评定的一种称号，有褒贬之意。所谓“谥者，行之迹”，“是以大行受大名，细行受细名。行出于己，名生于人”。谥号有帝王之谥，由礼官议上；有臣属之谥，由朝廷赐予。还有称谥，是门徒弟子或是乡里、亲朋为其师友上的谥号。帝王将相之谥在西周时即已出现。秦时曾一度废除，汉代恢复，直至清末。私谥可能始于东汉，或谓春秋时期已有。民国以后，称谥在一段时间内仍存在。谥法有固定用字，如慈惠爱民曰文，克定祸乱曰武，主义行德曰元等，这是美谥；杀戮无辜曰厉，去礼远众曰炀，好祭鬼怪曰灵等，这是恶谥；还有表示同情的哀、愍、怀等。一般人的谥号多用两字，如岳飞谥曰武穆，海瑞谥曰忠介。

三、尊号

尊号是为皇帝加的全由尊崇褒美之词组成的特殊称号。或生前所上，或死后追加。追加者亦可视为谥号。尊号一般认为产生于唐代。实际早在秦统一中国之初，李斯等人就曾为当时的秦王政上尊号曰“秦皇”。不过这时的“尊号”一词的含义与唐代以后的不甚相同。尊号开始时，字数尚少，如唐高祖李渊的尊号为“神尧大圣大光孝皇帝”。越到后来，尊号越长，如清乾隆皇帝全部称号为“高宗法天隆运、至诚先觉、体元立极、敷文奋武、钦明孝慈、神圣纯皇帝”，除了庙号“高宗”二字外，其尊号竟有二十余字之多。

四、年号

年号是中国皇帝纪年的名号，由西汉武帝首创，他的第一个年号为“建元”。以后每个朝代的每一个新君即位，必须改变年号，叫作“改元”。明朝以前，封建皇帝每遇军国大事或重大祥瑞灾异，常常改元。例如，汉武帝在位五十四年，先后用了建元、元光、元朔、元狩、元鼎、元封、太初、天汉、太始、征和、后元十一个年号。唐高宗在位三十三年，先后用了永徽、显庆、龙朔、麟德、乾封、总章、咸亨、上元、仪凤、调露、永隆、开耀、永淳、弘道十四个年号。明朝自第一代皇帝朱元璋开始，包括明、清两代，每一个皇帝不论在位时间长短，只用一个年号，如明太祖只用洪武，清高宗只用乾隆。

在我国古代文献中，对前代帝王多不称姓名或尊号，都称庙号、谥号或年号。

五、庙号、谥号、年号的区别

古代皇帝的庙号、谥号是皇帝死后根据他生前的表现起的。一般都是赞美的词句。但是如果是末代皇帝、亡国之君，就由后世的人给他起了，就可能不太好听。

庙号是中国古代帝王死后在太庙里立宣奉祀时追尊的名号，一般认为，庙号起源于商朝，如太甲为太宗、太戊为中宗、武丁为高宗（成汤有可能是太祖）。庙号最初非常严格，按照“祖有功而宗有德”的标准，开国君主一般是祖、继嗣君主有治国才能者为宗。周朝确立谥号制度，对君主和大臣的一生作为给予盖棺论定的评价。秦时庙号制度被废止，秦朝连谥号制度也废除了。汉朝以后承袭了庙号这一制度。汉朝对于追加庙号一事极为慎重，不少皇帝因此都没有庙号。刘邦是开国君主，庙号为太祖（但自司马迁时就称其为高祖，后世多习用之），谥号为高皇帝（谥法无“高”，以为功最高而为汉之太祖，故特起名焉）。汉朝强调以孝治天下，所以继嗣皇帝谥号都用“孝”字。两汉皇帝人人都有谥号，但有庙号者极少。西汉刘邦为太祖高皇帝（孝惠帝刘盈上庙号）、刘恒为太宗孝文皇帝（孝景帝刘启上庙号）、刘彻为世宗孝武皇帝（孝宣帝刘询上庙号）、刘询为中宗孝宣皇帝（光武帝刘秀上庙号）；东汉刘秀为世祖光武皇帝（孝明帝刘庄上庙号）、刘庄为显宗孝明皇帝（孝章帝刘炟上庙号）、刘炟为肃宗孝章皇帝（孝和帝刘肇上庙号）。东汉另外还有孝和、孝安、孝顺、孝桓四帝有庙号，不过孝献帝时被取消。到了唐朝，除了某些亡国之君以及短命皇帝之外，一般都有庙号。庙号常用“祖”字或“宗”字。开国皇帝一般被称为“太祖”或“高祖”，如汉太祖、唐高祖、宋太祖；后面的皇帝一般称为“宗”，如唐太宗、宋太宗等，但是也有例外。“祖”之泛滥，始于曹魏。到十六国时期，后赵、前燕、后秦、西秦等小国，其帝王庙号几乎无不称祖。一般来说，庙号的选字并不参照谥法，但是通常也选择具有美好意义的字，如太、世、高、神、圣、仁、睿、明、章等。从唐朝以后开始，王朝的开国皇帝庙号通常为“太祖”，第二代帝王庙号常常为“太宗”。如果王朝帝系发生变化，则其庙号为“世祖”或“世宗”。但是这并不是成例，也并不是通例。

第四辑

教学设计

教学设计是指教师在教学过程中，根据学科特点和学生的认知规律，有目的地设计教学活动和教学环节，以达到教学目标的过程。在新课程改革的大潮下，传统的教学模式已无法适应时代的要求，高中历史教学内容和教学方式也面临着重大转型。这就要求广大历史教师必须改变单一、呆板的教学方式，对历史学科的教学设计进行创新。

创设新情境

——以第8课“美国联邦政府的建立”为例

一、教学目标

知识与能力：通过教学，使学生识记“邦联”的缺陷，理解1787年宪法制定的必要性；掌握1787年宪法的主要内容和联邦制的权力机构，使学生养成独立思考的学习习惯，能对所学内容进行较为全面的概括和阐释；了解两党制在美国政治中的作用，学会分析资本主义政党制度的利弊得失；比较美国总统共和制和英国君主立宪制的异同，认识民主制度因国情各异而必然呈现多样化的基本特点。

过程与方法：联系时事导入；通过知识探究引导学生分析、解决问题；在知识小结中通过比较美国总统共和制和英国君主立宪制进一步认识美国的政治制度；通过目标检测来检验学生对本节知识的掌握情况；课下探究提高学生分析问题的能力。运用多媒体技术引导学生分析史料、视频资料，充分调动学生的积极性，发挥学生的主体作用。

情感态度与价值观：通过教学，使学生认识到政治制度的发展完善是人类历史进步的必然过程；培养学生历史唯物主义的世界观，引导学生历史、客观地看待历史事物；使学生认识到伟大的历史人物在历史发展进程中的作用；正确认识人类社会发展的统一性和多样性，理解和尊重世界各地区、各国、各民族的文化传统。

二、教学重难点

教学重点：理解和掌握1787年宪法中“分权与制衡”的原则。

教学难点：如何理解“分权与制衡”的原则；“邦联”和“联邦”的区别。

三、教学手段方式

借助多媒体辅助教学。

四、课时

1课时。

五、教学过程

（一）情境导入

由马丁·路德·金《我有一个梦想》演说词导入。熟悉课程标准要求，了解本节课要学习的主要内容。

课标要求

1. 识记美国1787年宪法的主要内容和联邦制的权力结构；理解美国1787年宪法中体现的权力制衡原则。

2. 比较美国总统共和制与英国君主立宪制的异同。

（二）知识探究

1. 联邦政府的建立

问：联邦政府是在什么样的背景下建立的呢？

（1）背景

① 美国独立——政治前提

问：独立之初的美国面临着什么样的严峻形势呢？

② 严峻形势——必要性

播放视频《大国崛起》，根据视频内容概括美国独立之初在经济上、政治上面临的严峻问题。

（2）经济：货币不一，贸易被动

讲解：美国独立之初，各州之间互设关卡，没有统一的关税，也没有统一的货币，导致贸易被动，经济发展困难。

（3）政治：邦联松散，没有实权

讲解：美国在独立之初，采取的是邦联制政体，名义上是一个国家，实际上是13个州的松散的国家联盟。在邦联制度下，各州的权力非常大，每一个州都相当于一个独立的主权国家，可以征兵、征税、发行货币、制定财政经济政策。而邦联政府的权力却非常小，在政权方面，没有总统，没有最高法院，只设有一个国会，而国会又没有实际的执行权力。因为邦联无权，所以在面临一些严峻问题的时候，就无法采取有效的措施进行解决，最终导致独立之初的美国陷入了严峻的困境。

问：那么在这种情况下，美国人应该如何摆脱这种困境呢？

引用华盛顿的一句话："要么，我们在同一个领导之下，结成联邦而成为一个主权国家，要么，我们保持十三个独立的主权国家，永远地相互争吵。"

从而得出，正是独立之初的严峻形势催生了美国联邦政府的建立。

过渡：那么，美国人怎么样来成立一个主权国家呢？通过制定宪法——1787年宪法。

2. 1787年宪法

阅读教材，找出1787年宪法制定的时间、地点。

时间：1787年。

地点：费城。

内容：简要介绍华盛顿在制宪会议上的表现。

过渡：我们刚才说了，在邦联制度下，各州的权力比较大，而邦联政府的权力太小，1787年宪法的制定，就是要解决这个问题，现在大家阅读教材，看看1787年宪法是如何解决中央和地方的权力关系的？

把"邦联"改为"联邦"。

通过图表来讲解"邦联"和"联邦"的不同。"邦联"和"联邦"的不同也是1787年宪法的第一个内容。

（1）纵向分权——联邦制（国家结构形式）

过渡：从“邦联”到“联邦”，中央无权的问题解决了，中央的权力得到了加强。但是现在这些宪法的制定者们又有了新的担忧，他们担忧什么呢？

他们认为：中央的权力变大了，一旦中央的权力被一个人掌握，就容易产生专制独裁，那么应该如何防止政权走向独裁专制呢？大家来看教材，进行思考。

三权分立的原则。

问：美国人是如何想出这个办法的呢？

看材料：孟德斯鸠的一段话。

这段材料体现了孟德斯鸠三权分立的政治主张。

孟德斯鸠三权分立的思想为1787年宪法的制定提供了理论来源。

现在我们来看，三权指的是哪三权？分别归属哪些部门？

立法权归国会，行政权归总统，司法权归最高法院。

这也是1787年宪法的第二个内容。

（2）横向分权——三权分立（国家权力机构）

由此，我们可以看出，联邦政府是由国会、总统和最高法院三个权力机构组成的。

师生互动体验：“记者招待会”。

活动进行完之后，通过表格整理问题的答案，补充教材中没有的内容。

过渡：以上我们了解了这三个权力机构各自所拥有的权力，那么这三个权力机构之间的关系是怎么样的呢？（学生讨论）

独立平等、相互制衡的。

我们具体来看，它们是如何相互制约的？

（播放图示）

总结：从以上的分析我们可以看出，立法权虽然归国会，但它要受到总统和最高法院的制约，行政权虽然归总统，但它要受到国会和最高法院的制约，司法权虽然归最高法院，但它要受到总统和国会的制约。

因此，它们的关系是独立平等、相互制衡的。

3. 对1787年宪法的评价

过渡：刚才我们学习了1787年宪法的主要内容，那么，我们应该如何来评价1787年宪法呢?

播放材料：实际上这段材料就给我们点明了1787年宪法既具有先进性，也具有局限性。

（1）进步性

① 第一部比较完整的资产阶级成文宪法，为以后资本主义国家制度的建立提供了示范。

② 中央集权，使美国成为真正统一的国家。

③ “分权和制衡”的原则，体现了一定的民主精神。

同时，这部宪法也存在着局限性：

播放材料：《美利坚合众国宪法（1787年）》

总结：从这段材料我们可以看出，众议员的人数与各州的人数是成正比的，计算每个州的人数时，黑人是五个算三个，印第安人还不包括在内，这就充分说明了，黑人、印第安人同白人没有同等的权力。

（2）局限性

允许奴隶制度的存在，未实现真正的平等。

总结过渡：刚才我们从不同的角度认识了1787年宪法，应该说，角度不同，得出的结论就不一样，不过大家要牢记一点：不管从哪个角度来评论历史事物，都要做到用史实说话，要遵循论从史出的原则。

1787年宪法规定了美国是一个联邦制国家，1789年，第一届美国联邦政府就建立了。

（3）第一届美国联邦政府的成立

1789年，华盛顿当选为第一任总统（连任两届）。不久，第一届国会经选举产生，美国的联邦制共和政体开始确立。

简要介绍华盛顿：美国战争时期第一人；美国和平时期第一人；美国人心目中的第一人。

过渡：通过刚才的学习，我们知道，1787年宪法的核心原则就是制衡的原则，而两党制就是这种原则的延伸和发展。

4. 学习延伸——两党制的形成和发展

演变："驴象之争"的缘由。

本质：维护资产阶级的根本利益。

简要分析（提问学生，教师予以归纳、指导）。

（三）知识小结

这一节，我们主要学习了美国的政治制度，下面我们来比较一下美国的总统共和制和英国的君主立宪制（通过表格归类比较）。

有人认为，美国的总统共和制要比英国的君主立宪制先进得多，优越得多，那我们应该如何来看待这个问题呢？判断一种政体形式是否优越，它的标准是什么？标准：是否能够推动生产力的发展，是否适合本国的国情。美国总统共和制和英国君主立宪制都是属于适合自己国情的政体形式，都推动了本国资本主义的发展，使它们成为今天发达的资本主义国家，因此我们不能说美国总统共和制比英国君主立宪制先进。我们只能说适合自己的，就是最好的！而对于我们中国来说，更不能无视中国的具体国情，照抄照搬西方的政治文明，我们应该取其精华，建设有中国特色的社会主义政治文明。

（四）巩固提升

单项选择题及课后练习。（略）

六、教学反思

本课做到了结合课程标准及考纲要求对教材重新加以整合，随着课堂情境导入，在课堂教学环境中做到有机的衔接和知识的重组，以利于在实际教学中取得较好的教学效果。

中国民族资本主义的曲折发展

——以“荣氏家族企业的百年兴衰史”为例

一、教材分析与教学思路

人教版高中历史·必修Ⅱ第三单元“近代中国经济结构的变动与资本主义的曲折发展”的第十课“中国民族资本主义的曲折发展”。根据《普通高中历史课程标准（2017年版2020年修订）》的要求（了解中国民族资本主义曲折发展的基本史实）、教材内容和高中学生的学习状况，围绕教学三个维度，让学生认知与了解中国民族资本主义初步发展的原因及其影响；民族资本主义出现短暂的春天及其短暂的原因；引导学生探究影响中国民族资本发展的主要因素。

鸦片战争以后，随着中国大门被打开，中国在遭受西方的经济侵略的同时，西方先进的机器生产方式的传入，使中国民族资本主义这种新的经济因素产生于近代。中国民族资本主义的出现有力地推动了中国的近代化，同时也为近代中国政治变革提供了社会基础。其不仅为资产阶级的戊戌变法、辛亥革命提供了阶级基础，也为中国共产党的诞生和新民主主义革命的到来提供了社会基础。但是，在半殖民地半封建社会的背景之下，民族资本主义发展势必受到外国资本主义、封建主义和官僚资本的压迫，实业救国是行不通的。只有获得民族独立，中国才能实现近代化。因此，本课在教材中的地位举足轻重，让高中生深入认识中国民族资本主义发展的基本史实并从中分析出影响其发展的因素，进而认识国情是非常必要的。

二、教材构想与教学方法

在构思教学的过程中，如何创设情境来激发学生的学习兴趣，使学生形成近代民族资本主义发展史这一知识结构和体系，可以“荣氏家族企业百年兴衰史”作为中国民族资本主义的典型以供借鉴和挖掘，这是最具有说服力的。课前，我与同行交流、探讨，并在网上搜集了大量相关图片资料以及文献史料，通过整合与筛选在教学中加以利用这些资料，以期增强学生对民族工业发展历程的感性认识，启发培养学生透过现象看本质的能力。

通过综观荣氏家族企业百年发展历程，创设情境，引导学生运用史料分析问题，培养学生论从史出、史论结合的能力；使用启发式教学方法、谈话法和比较法引导学生进行问题的自主学习、探究学习和合作学习。使学生认识到帝国主义、封建主义和官僚资本主义是阻碍近代民族工业发展的三大政治阻碍；自强不息的爱国精神是民族工业发展的不竭动力；国家统一、民族独立是民族工业发展的前提。

在组织和实施教学过程中，引导学生创建、设置情境，设计教学目标，不断地引导学生主动建构中国民族资本主义的曲折发展历史这一史实的知识网络和体系。在课堂教学师生行为变化过程中，注重给学生提供展示和讨论平台，以利于学生间的合作学习、交流分享，并达到突出重点、突破难点、启发思维的目标教学。力图通过创设的教学情境，实现教学目标。

三、教学意图

本课教材共分为民族资本主义初步发展、短暂的春天和曲折的发展三个子目。为使学生对中国民族资本主义的发展历程有一个完整深刻的印象，在本课的教学设计上做了变动，打破了教材的阶段式讲述，引入荣氏企业百年发展历程，并以此为例讲述整个近代民族资本主义发展历程。因此，本课教学存在两条线索：一条以荣氏企业发展为主，一条以中国民族资本主义发展历程为主，两条线索相互照应，相辅相成。根据以上线索，重新组织教材并适当加工，利用真实的感性材料加以佐证，使学生的理性认识得到升华和提高。

在整个过程中要充分发挥学生的主体作用，引导学生积极思维，从多角度探讨问题，实现探究式教学和自主学习、探究学习和合作学习。

四、教学过程

（一）导入新课

教师：在近代中国百年民族工业发展的历程中，荣氏家族于1896年建立起第一个家族企业，从此开启了荣氏家族企业的百年发展历程，其有过发展，有过春天，也有过衰落。可以说荣氏家族企业见证了近代整个民族资本主义的历程，是中国民族资本主义发展的一个典型缩影。

多媒体教学展示图为荣氏家族企业的第二代领军人物，（荣毅仁，近现代杰出的民族资本家。1957年被陈毅副总理誉为“红色资本家”。1993年，荣毅仁当选为中华人民共和国国家副主席……从近代开始，荣氏家族三代对中国经济的发展做出了巨大贡献）被陈毅副总理誉为“红色资本家”的荣毅仁先生。毛泽东曾这样评价荣氏家族——中国民族资本家的首户，中国在世界上真正意义的财团。

通过多媒体教学，让我们共同追寻荣氏家族企业发展的百年兴衰史，进而探究整个中国民族资本主义发展的轨迹。

教师：播放幻灯片，展示荣毅仁先生照片和毛泽东对荣氏家族的评价。

对学生的回答予以肯定，营造气氛，活跃课堂。

学生活动：说出毛泽东对荣氏家族的评价。

（二）民族资本主义的初步发展

教师：荣氏家族企业的创立要追溯到晚清时期，也就是中国产生民族资本主义不久以后。下面请同学们看幻灯片中所提供的材料：“甲午中日战争结束不久，荣氏兄弟开设广生银庄，并获利颇丰。不久与人合伙创办了第一个面粉厂——保兴面粉厂；又开设振兴纱厂，先后在上海、汉口开设纺织厂、面粉厂。”

通过了解荣氏家族企业的初创历史，看看荣氏企业最早在什么时期建立的？企业经营状况如何？

学生：最早建立于1896年，甲午中日战争以后；企业经营状况良好，创办众多企业。

教师：展示幻灯片及探究一：荣氏家族企业的初创。

找学生回答问题，适当点评。并予以肯定和赞扬。

学生活动：阅读材料，思考问题，回答问题。

教师：我们通过材料了解了甲午中日战争结束不久以后，荣氏企业获得初步发展，那么那一时期中国整个民族资本主义发展的状况如何呢？

下面请同学阅读教材相关的内容，通过自主学习，看一看当时中国民族资本主义发展的基本状况，并指出推动包括荣氏企业在内的民族资本主义发展的原因和影响。

学生：（提示、归纳）原因。

（1）19世纪末，帝国主义掀起了瓜分中国的狂潮：中国在甲午中日战争中的惨败和清政府的投降政策，助长了列强瓜分中国的野心，掀起了瓜分中国的狂潮——它们纷纷争作中国的债主，抢夺筑路权，开采矿山和竞相建厂。列强在进行资本输出的同时，商品输出仍在扩大。

（2）中国社会的自然经济一步解体，客观上为中国民族工业的发展提供了条件。

（3）清政府放宽对民间办厂的限制。甲午中日战争中国的惨败，宣告洋务运动的破产，清政府为扩大税源，支付巨额赔款，解决财政危机，不得不放宽对民间办厂的限制。

于是，包括荣氏家族企业在内的民族资本主义企业得到了初步的发展。

学生：表现为设立的企业数量增多；规模扩大；投资数额增大；兴办的近代企业由沿海向内地扩展。

学生：影响是随着民族资本主义的初步发展，民族资产阶级为新的政治力量，开始登上历史舞台。主要表现为：19世纪末20世纪初，资产阶级维新派掀起了旨在推翻清王朝，建立资产阶级共和国的辛亥革命，使中国的近代化由器物层面开始提升到制度层面。

教师：播放幻灯片，展示学生自主学习需要完成的三个问题。

（1）荣氏兄弟在这个时候（1896年）创办企业有哪些有利因素？

（2）荣氏企业兴起之时，中国的民族资本主义整体又怎么样？

（3）荣氏企业这种良好的发展势头在政治上产生了什么影响呢？

教师书写板书，并在学生间巡视，了解自主学习状况。

学生活动：自主学习，了解民族资本主义初步发展的原因、表现和影响。学生回答问题，教师予以鼓励肯定。

（三）短暂的春天

教师：通过对上述内容的学习，进行引导、归纳。我们可以看出，在19世纪末以荣氏家族企业为代表的民族资本主义获得了初步的发展。接下来我们看一下荣氏企业在中华民国初年发展的状况。

同学们注意思考是什么因素造成荣氏企业的一兴一败。

学生：荣氏企业在民国初期发展很快，获得了“面粉大王”和“棉纱大王”的称号，可以说迎来了一个春天。但是，后期发展就不行了。

教师：展示幻灯片，探究二：荣氏家族企业发展的短暂春天。

材料：1912年中华民国成立，不久一战爆发。此时，荣氏面粉厂扩展为12个，纺织厂增加5个。荣氏获得“面粉大王”“棉纱大王”的称号。荣氏企业迎来一个迅速发展的春天。但是，一战结束后欧洲列强卷土重来，荣氏各厂自1923—1924两年就亏损100多万元，从盈余转为亏损。

思考：

（1）1912—1919年可谓是荣氏企业发展的“春天”，你认为这段时间促进企业迅速发展的原因有哪些？

（2）1912—1919年，以荣氏企业为例，民族资本主义的发展有什么特点？

（3）1919年后，正处“春天”的荣氏企业怎么会走下坡路？从“短暂的春天”你能得到什么启示？

教师书写板书。学生回答问题，教师予以鼓励肯定。

学生活动：演示幻灯片，厘清民国初年荣氏企业发展的基本状况。

教师：下面请同学们阅读教材第44页到45页的相关内容，看一看当时民族资本主义的发展状况是不是也呈现出一兴一败的局面。兴、败的起止年分别是哪一年？

学生：是的。1912年到1919年，中国的民族资本主义发展迎来了一个春天，民族资本总额有所增加，轻纺工业发展特别快。

教师：引领学生阅读教材，提供必要的帮助。

学生回答问题，教师予以鼓励肯定。

学生活动：带着问题阅读教材，归纳当时中国民族资产阶级的发展状况。

教师：下面请同学们结合教材和下列四则材料，归纳发展原因。

材料1：辛亥革命推翻了封建专制统治，建立了中华民国，为民族资本主义的发展扫清了一些障碍。

材料2：奖励和保护工商业，鼓励人民兴办实业，鼓励华侨在国内投资，设立实业部……

——摘自南京临时政府的法令和措施

材料3：1915年，日本提出灭亡中国的“二十一条”后，全国掀起了抵制日货、提倡国货的爱国运动。

——《中国近代现代史（上册）》

材料4：一战爆发后，英国对华输出减少了约1／2，法国减少到不足战前的1／3，德国货则完全停止了进口。

——《中国近代史教程》

思考以下问题：是什么原因导致了当时民族资本主义获得了一个快速发展的春天?

学生：民族工业短暂春天出现的原因，提示主要从以下四点回答和归纳。

（1）辛亥革命推翻了封建专制统治，建立了中华民国，为民族资本主义的发展扫清了一些障碍。经过这场革命，民族资本阶级的社会地位得到提高。

（2）中华民国临时政府奖励发展实业的政策，激发了民族资产阶级投资近代企业的热情。于是各种实业团体纷纷涌现，较为著名的有中华实业团等。此时海外华侨也竞相投资国内工商业，为资本主义工商业的发展注入了新的活力。

（3）辛亥革命后，群众性的反帝爱国运动此起彼伏，使“实业救国”思想有了前所未有的社会基础。特别是1915年，因为对袁世凯与日本签订“二十一条”而掀起的抵制日货、提倡国货的群众运动，使国内市场扩大，为民族资本主义的发展扩展了空间。

（4）民国初年，一战爆发，欧洲列强忙于战争，暂时放松了对中国的经济侵略。对华输出的资本和商品相对减少，也因战争的需求，他们的工业生产主要转为为战争服务，减少了某些轻工业品的生产，不仅为国际市场提供了契机，客观上也为中国民族资本主义的发展提供了有利的外部条件。

教师：指导、巡视学生阅读教材（提示学生阅读教材中的图片），提供必要的帮助。教师对于学生探究学习的成果要鼓励肯定。

教师适时予以点拨，加深学生对这一段时期民族资本主义出现春天的原因的理解。

学生活动：阅读教材和提供的四则材料，进行小组探究、合作学习。

在教师提供的四则材料中搜寻有效的历史信息，并对原因进行分析。

师生共同完成探究学习，完成幻灯片上的填空，形成探究成果。

教师：下面请同学们探究，当时民族资本主义的发展呈现出什么样的特点?

学生：回答、归纳，有四点：第一，速度快，时间短暂；第二，民族工业的发展主要偏重于轻工业方面，重工业方面基础极为薄弱，新建的民族工业大多分布在沿海和通商口岸附近，总之发展不平衡；第三，与外国资本势力相比较力量弱小；第四，与封建经济相比，封建经济仍占绝对优势。

教师：展示幻灯片，通过以上材料，带领学生阅读并找寻有关信息，进行归纳。

教师对于学生探究学习的成果要鼓励肯定。

学生活动：观看材料，理解并分析材料，在教师提示下发掘信息，完成探究。

教师：通过刚才的学习我们知道民国初年荣氏家族企业的春天是短暂的，下面请大家看看“学思之窗”里面的另一位企业家张謇在民国初年创办企业的状况。

学生：民国初年，张謇大力发展实业，创办大生纱厂，盈利上千万两白银，可是一战结束后迅速衰败。

教师：下面请同学们思考，为什么荣氏企业和张謇创办的企业会在一战结束后就迅速衰败呢？这给我们带来了什么样的启示呢?

学生：原因是第一次世界大战结束后，欧洲列强卷土重来，又加紧了对华的资本输出和商品倾销。

启示：外国资本主义势力是中国民族资本主义发展的最大障碍，要想获得发展必须获得民族独立。

教师：这一时期中国民族资本主义获得了巨大的发展，中国的无产阶级力量也得到了壮大，为中国共产党的诞生和新民主主义革命的到来准备了阶级基础。

教师：展示幻灯片，教材图片：张謇，江苏南通人，清末“状元企业家”，近代著名的民族资本家。

提出问题，循循诱导，激发学生探究意识。

对学生探究成果予以认可和鼓励，活跃探究气氛，激发学生爱国情怀。

学生活动：观看材料，理解并分析材料，在教师提示下发掘信息，完成探究。

（四）曲折的发展

教师：1927年蒋介石的南京国民政府建立，下面我们就以荣氏企业为例看一看南京国民政府时期民族资本主义发展的状况。

材料：1927年南京国民政府成立后，荣氏企业再一次发展。1932年，荣氏面粉和纺织在全国同行业民族资本比重，分别占30. 7%、29. 4%。就在荣氏企业全力扩展时，日本发动全面侵华战争，荣氏工厂约有50%以上的布机及20%的粉磨被破毁。留居上海的荣宗敬于1938年2月积郁成疾，撒手离世。

十四年抗战后，奄奄一息的荣氏集团试图东山再起。但继之而来的是同根相煎，再加上美国产品的大量涌入，以及通货膨胀，荣氏企业最终难恢复战前的辉煌。

看一看荣氏企业的发展大致经历了几个阶段？企业发展有何表现？

学生：发展经历了三个阶段，南京国民政府初期、抗日战争时期、南京国民政府统治后期。

学生：初期较快发展，抗战时期全面萎缩，后期走向绝境。

教师：播放幻灯片，探究南京国民政府时期荣氏企业的曲折发展。

书写板书。对学生的回答予以肯定。

学生活动：观看幻灯片，提取信息，回答问题。

教师：通过对荣氏企业的了解，我们可以看出南京国民政府时期中国的民族资本主义呈现出曲折的发展历程。下面请同学们回答这一时期民族资本主义的发展大致经历了几个阶段？起止年代是哪一年？

学生：三个阶段。南京国民政府初期，1927年到1931年；抗日战争时期，

1931年到1945年；南京国民政府统治后期，1945年到1949年。

教师：下面我们进入合作学习的环节。将学生分为A、B、C三组。A组合作探讨南京国民政府初期中国民族资本主义发展的表现、特点和原因；B组合作探讨中国民族资本主义抗日战争时期的表现、特点和原因；C组合作探讨南京国民政府统治后期中国民族资本主义的表现、特点和原因。下面请第一排、第三排、第五排的学生向后转，每四人形成一个小组，围绕上述问题进行合作学习。最终向其他组展示本组讨论的结果。并完成表格。同学们可以结合导学案进行合作学习。

学生：进行归纳，完成表格。

南京国民政府时期民族资本主义的曲折发展			
时间	**表现**	**特点**	**原因**
南京国民政府统治前十年（1927—1931）	资本总额增加，部门增多，产品出口GDP发展较快	较快发展	国民经济建设运动
抗战时期（1931—1945）	沦陷区：吞并 国统区：停产	日益萎缩	日军的劫掠 官僚资本的压榨
南京国民政府统治后期（1945—1949）	破产倒闭	陷入绝境	美国经济势力的入侵；官僚资本的压榨；国民经济的恶化

教师：展示幻灯片，提出问题。

组织学生合作学习，并进行巡视，适时进行指导点播。

对学生合作学习的成果予以肯定和赞扬。

学生活动：围绕问题进行合作学习，形成结论，完成表格，并向他人展示成果。

小组派代表发言。

（五）新中国初期荣氏家族企业的新生

教师：1949年新中国成立了，陷入绝境的民族资本主义终于迎来了一个新的春天。伴随着1952年国民经济的恢复，荣氏企业再一次焕发了生机。通过新旧社会发展对比也使得荣氏企业认识到只有谋求民族的独立，中国的工业才会有发展。同学们，思考一下为什么在新旧社会中国的民族资本主义发展会有这么大的反差呢？

学生：新中国的成立意味着民族独立，扫清了压在民族企业上的“三座大山”，中国的民族资本主义势必获得新生。

教师：（总结）中国民族资本主义在半殖民地半封建社会的背景之下，受到帝国主义、封建主义、官僚资本主义的压迫，其所提倡实业救国的道路是根本行不通的！实现民族独立是发展、振兴中华的前提条件！

教师：展示幻灯片，新旧社会荣氏家族企业兴衰史说明了什么？

提出问题。

学生活动：积极思考，回答问题，形成共识。

（六）课堂小结

中国民族工业从19世纪六七十年代产生，先后受到帝国主义、封建主义、官僚资本主义的三重压迫，但是民族资产阶级以自强不息的民族精神和爱国主义情感在逆境中艰难发展。而它最终的命运告诉我们：实现民族独立是发展、振兴中华的前提条件。

通过本课学习，我们从民族资本主义的发展历程看到了其艰辛和磨难，但它还是凭借着顽强的生命力和一切机会在夹缝中求生存，爱国之心成为其发展的主动力。

（七）课堂巩固

绘制中国民族资本主义发展历程示意图。

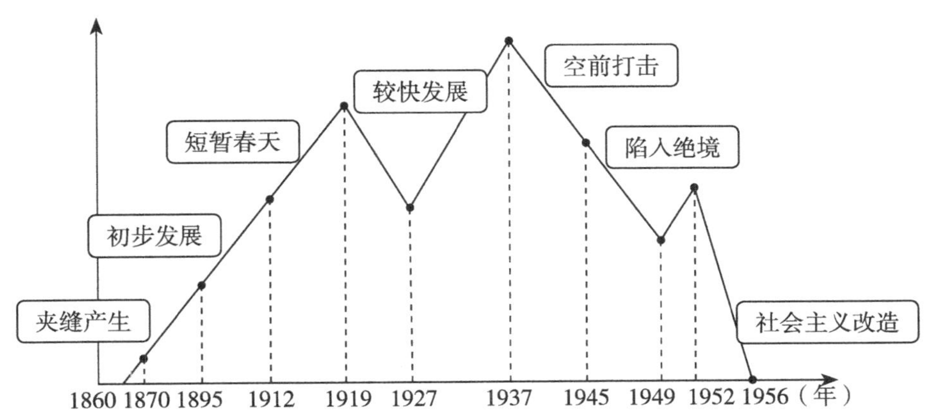

（八）布置作业

本课测评：民国时期，民族工业的发展经历了怎样的曲折历程？

练习册：本课练习。

五、板书设计

第10课　中国民族资本主义的曲折发展

（一）民族资本主义的初步发展（19世纪末）

1. 原因　2. 表现　3. 影响

（二）短暂的春天（1912—1919）

1. 原因　2. 特点　3. 结果及影响

（三）曲折的发展（1927—1949）

1. 南京国民政府统治初期（1927—1937）较快发展

2. 抗战时期（1937—1945）日益萎缩

3. 南京国民政府统治后期（1945—1949）陷入绝境

（四）新中国初期荣氏家族企业的新生

"祖国统一大业"教学设计

一、学情分析

本课知识是学生比较熟悉的内容。本课知识学生在初中的历史、政治甚至语文学科中都曾接触过，而且在平时的电视新闻中也时常出现。但可能会受已有的知识体系的影响，学生不愿主动地构建新的知识体系，更不愿用"一国两制"的理论与现实进行联系，从而产生情感的共鸣。因而适当增加课堂容量，拓宽历史视野，"活化"历史思维以及培养学生学史、用史的能力是十分必要的。

二、教材分析

本课的新课标要求是：简述"一国两制"的理论和实践，认识实现祖国完全统一对中华民族的重大历史意义。

通过以下具体思路对教材进行整合：①统一之由——港、澳、台问题由来；②统一之策——"一国两制"的提出；③统一之路——香港、澳门的回归；④统一之潮——海峡两岸关系的发展。

1. 教材的地位

本节教材讲述的是"一国两制"方针的提出和实践，香港、澳门回归祖国，海峡两岸的交流和阻碍两岸统一的因素。这些知识，既属于重大的历史事件，又属于关乎我国社会主义现代化建设的重大现实问题，涉及许多时政热点；既属于对学生进行爱国主义教育，激发其自觉维护祖国统一，反对分裂行径的绝好素材，又属于近几年高考历史及综合能力测试的热点。

因此，本节教材在整个历史教学中有着很重要的地位。

2. 教学目标

知识与能力：引导学生了解香港和澳门顺利回归的史实，理解香港、澳门回归的历史意义，了解海峡两岸关系发展的现状；引导学生学会总结归纳“一国两制”构想的形成过程，初步培养学生运用历史知识分析海峡两岸的现状及解决问题的能力。

过程与方法：引导学生积极主动地参与课堂活动，并能大胆讲出自己的感受；组织学生积极主动地，以独立或小组合作的形式整理材料、分析材料、归纳材料，并在合作中不断丰富自己的情感；指导学生积极主动地运用已有的知识去分析现实中的问题。

情感态度与价值观：通过感受港澳回归的庄严气氛，唤起学生的民族自豪感，强化学生的国家统一意识，并让学生认识邓小平的创造精神和非凡智慧，以激发学生实现中华民族伟大复兴的使命感和责任心。

3. 教材的重点和难点

教材重点：“一国两制”的理论和实践。

① 依据：“一国两制”构想是邓小平理论的重要组成部分，是完成祖国统一大业，实现中华民族伟大复兴的指导思想。

② 突破方法：设计层层递进，有梯度并且能够联系现实，学生感兴趣且能够解答的一系列问题来讨论突破。

教材难点：认识“一国两制”理论和祖国完全统一对实现中华民族伟大复兴的历史意义：一是依据。有利于增强中国综合国力，提高中国国际地位。二是突破方法。采用地图教学法、情境创设法、角色扮演法、史料阅读法等来引导学生领悟历史，感受现实。

三、教学设计

1. 教学方法

以情境体验历史，以探究认识规律，以交流升华情感。采用情境创设法、活动教学法、问题探究法、讨论谈话法等，促进学生自主性学习，让学生“主动参与，乐于探究，积极交流与合作”，体验成功学习的快乐。

2. 设计思路

本课设计遵循以学生为主体的教学理念，紧扣当今时政热点，使历史与现实紧密结合。本课内容涉及学生熟悉并亲身见证的当代重大历史事件及热点问题，因此可以充分地整合丰富的课程资源，以“一国两制”的理论与实践为主线，使各种教学资源能在此主题下有机结合，以优化课堂教学。

四、设计突重点，化难点

本课教学设计层层递进，有梯度并且能够联系现实，学生感兴趣且能够解答的问题。适当穿插师生的互动活动，调动学生主动学习，积极探究的求知精神，在潜移默化中使学生得到爱国主义教育和情感教育。

五、课堂教学方法

多媒体课件制作、音视频材料收集、地图册等教学资源等。

六、教学过程

（一）导入新课

历史学科与地理学科的结合，出示《中国地图》，指出港、澳、台三处位置（地图及对应图片）。

设置意图：既调动课堂气氛，激发学生学习兴趣，又使学生认识了香港、澳门区旗图案和中国台湾的地形图。

（二）讲授新课

自主学习：学生分三组自主学习本课课本内容，并分别解决三个问题：“一国两制”的内涵；“一国两制”形成过程；海峡两岸关系的发展。之后各组展示答案，教师补充。

设计意图：使学生提前对本课课本知识进行整体的把握，相互交流，分享学习成果。

课内探究：共四个问题如下。

1. 统一之由——中国港澳台问题的由来

活动一：学生小组交流学习分别解决三个问题，即香港问题的由来；澳门问题的由来；台湾问题的由来。

教师根据学生的回答，结合课件进行补充。

活动二：合作探究，台湾问题与港澳问题的本质区别是什么？（港澳问题属于历史遗留问题，台湾问题属于中国内政问题）

过渡：国家分裂、骨肉分离，如此美丽的香港、澳门还有宝岛台湾与祖国母亲相分离，是全体中华儿女都不忍心看见的！那么为了早日解决台湾问题，实现祖国统一，党和国家提出了什么政策？

学生：“一国两制”。

2. 统一之策——“一国两制”的提出

探究思考：因为在前面的自主学习中已经学习了“一国两制”构想形成及其内涵，现在就一起探究：同是“一国两制”下的高度自治，我国政府对台湾和港澳地区的政策有什么不同？（幻灯片出示对台湾的基本政策的材料）

提醒学生注意，“一国两制”构想的提出，最初是针对台湾问题提出来的，而最先在解决香港问题上成功运用。

3. 统一之路——香港、澳门的回归

活动一：营造情境，重温历史：“一国两制”的构想本来是为台湾问题量身打造的。但它尚未在台湾问题中开花，就在处理香港问题的时候结果，得到了成功的运用。邓小平同志就香港前途问题与英国首相撒切尔夫人进行了会谈。（打出邓小平会见英国首相撒切尔夫人幻灯片）可以分别根据幻灯片上的提示来阅读各自谈话的核心内容。

出示幻灯片：播放香港澳门回归后繁荣发展的图片。

活动二：探究问题，通过港澳的回归和回归后的繁荣发展，谈谈你的主要感想和认识。

4. 统一之潮——海峡两岸关系的发展

学生欣赏一组海峡两岸关系发展的图片：台湾居民赴大陆探亲、汪辜会谈、连战访华，两岸在经济文化方面的交流。

设问：图片反映海峡两岸在哪些方面的交流？具有什么意义？说明了什么问题？

学生回答，教师总结，这些交流促进海峡两岸关系深入发展，对祖国统一大业起到推动作用，说明统一是大势所趋。

投影：出示李登辉、陈水扁、美国向台湾出售武器的图片。

设问：以上图片反映出有哪些因素阻碍着祖国的统一？（学生答，教师总结）

投影：2015年11月7日习近平与马英九在新加坡的握手图片。

设问：这张图反映了什么事件？有什么重要意义？

总结：国共已有两次合作。此图反映两岸交流从民间发展到两党之间再到海峡两岸最高领导人之间的交流。图片选择即将握手的瞬间，既反映统一的大势所趋，也反映统一任务任重道远。

探究活动讨论：哪些因素可以促进海峡两岸早日完成统一？

（也可作为课后探究题）

（三）课堂总结

总结：为了早日完成祖国统一大业，邓小平创造性地提出了“一国两制”的伟大构想，此方案首先在解决香港问题上得到成功运用，随后澳门问题也得到圆满解决，海峡两岸关系发展迅速。台湾问题虽然比较复杂，但我们相信在中国共产党的英明领导下，采用“一国两制”方案，台湾会早日回到祖国怀抱，最终完成祖国统一大业。

（四）布置课后练习（练习册）

略

七、板书设计

第22课　祖国统一大业

（一）统一之由——港、澳、台问题由来

（二）统一之策——“一国两制”的提出

（三）统一之路——香港、澳门的回归

（四）统一之潮——海峡两岸关系的发展

八、教学反思

本人在设计本课时，希望通过情境的创设充分再现历史，并利用多媒体辅助教学，突破本课的重点、难点，让学生主动参与到学习过程中，让学生真正做到感知历史，立足现实，展望未来。通过课堂教学过程中的师生行为变化，实现教学目标。

课堂教学中就如何开展小组合作的探究学习存在着很多困难，首先，是课堂教学时间有限，如何体现面向全体，给每个学生以表现机会？其次，历史问题的讨论只能依托于史料才能使讨论不沦为空谈，课堂上提供大量的史料（文字或其他），势必不能有充分时间让学生阅读分析。

如何解决这些问题呢？措施一：要设置有利于学生探究的问题情境。措施二：要把课堂教学与课外学习结合起来。措施三：在课前就印发相关的材料，或引导学生去查阅相关的资料，让学生有进行充分的阅读、思考、交流的时间，是保证课堂上小组交流能成功实现的前提。

“图说罗马法的形成”微课设计

一、罗马法的概念

罗马法指公元前6世纪末至公元6世纪古代罗马制定和实施的全部罗马法律。它是人类文明的宝贵遗产，也泛指古罗马的整个法律制度，包括法律和法理两个方面。

罗马法的历史概念：

广义：指通行于罗马统治的整个地中海世界的法律制度。

狭义：指罗马公民法，从形式上可以区分为成文法和习惯法，从整体结构上看包括公民法和万民法。

二、罗马法的形成过程

1. 起源：习惯法——《十二铜表法》

（1）习惯法的背景：罗马共和国早期，奴隶主贵族垄断着立法和司法大权。

（2）含义：人们接受并默认为社会生活中相互关系的行为规则。

（3）特征：法律和习惯之间没有明显的界线。（没有固定的成文形式）

（4）弊端：随意解释法律，损害平民利益。（具有很大的主观性和不确定性）

（5）《十二铜表法》

特点：内容相当广泛，法律条文比较明晰。

进步性：①标志罗马成文法的产生。②审判、量刑皆有法可依，在一定程度上限制了贵族特权，保护了平民利益。

局限性：①《十二铜表法》主要维护奴隶主贵族的利益。②保留了一些比较野蛮的习惯法。

2. 发展：公民法—万民法

（1）公民法

含义：在罗马共和国时期，用来调整罗马公民之间关系的罗马法律，被称为公民法（或市民法）。

（2）万民法

原因：民族矛盾、经济矛盾，矛盾尖锐社会动荡，公民法演变为万民法。

概念：在古罗马对外扩张的过程中，逐渐形成普遍适用于罗马统治范围内一切自由民的法律，即“万民法”。

主要内容：

① 主要调整财产关系，规定奴隶制和私有财产权神圣不可侵犯。

② 提倡法律面前人人平等。

3. 完善：《民法大全》（又称《查士丁尼民法大全》）

6世纪，东罗马帝国皇帝查士丁尼颁布《民法大全》。

该法典对西方文明的影响被认为仅次于《圣经》，其基本思想和原则已融入西方乃至世界各国的法律中，它的颁布标志罗马法体系最终完成。

三、归纳罗马法的形成过程（知识框架）

罗马城的罗马（罗马共和国早期）→习惯法→《十二铜表法》

意大利半岛的罗马（共和国时期）→公民法

地中海的罗马（罗马帝国—东罗马帝国时期）→万民法→《民法大全》

对照罗马法起源发展的史实：从习惯法到成文法，从公民法到万民法到《民法大全》，从零散到形成体系。我们不难看出，罗马法的成长史与其领土的扩张有着密切的联系。

四、对罗马法的认识

一大核心：维护奴隶制和私有财产神圣不可侵犯。

两组矛盾：贵族与平民；罗马人与被征服民族。

三大趋势：从习惯法到成文法；从公民法到万民法；从零散到形成体系。

第五辑

德育散论

德育教育主要包括道德知识、心理健康、人际关系、个性发展等方面的内容。高中德育教育的内涵丰富多彩，既包括学习科学文化知识，也包括道德素养的培养、人文情感教育、课外活动等。德育教育必须与知识教育、能力教育、美育等教育形式相互结合，形成一个统一的整体，以帮助学生在全面发展的基础上更好地完成自己的学业，更好地生活。

新课程背景下班集体建设的创新和思考

“创新源于智慧，智慧源于用心”，智慧是做好德育管理、育人教书的前提。

从教多年来，我始终相信“没有教育不好的学生，只有教育不到位的老师”。回头看自己所带的这几届高三文科班，认真对从事的班主任工作进行梳理，我体会到一个优秀的班集体是进行正常教育教学的保证，也是学校、班级各项活动顺利开展的基础。

班级德育教育是学校德育教育的细胞。在新课程背景下，班主任在引领班级德育建设中所担当的角色与作用日益凸显。建设好一个功能健全的班集体，不仅能够促进学生身心健康发展，而且能够直接促进学生的学习兴趣、学习态度和学习结果。作为班主任，我在科学有效地创新德育管理和班集体建设方面进行了有益的探索。

一、班主任根据班情在德育教育管理方面具备超前意识

1. 常规教育导在先

“理念引领规范，细节左右成败”，在班级常规教育管理过程中，我们都会有这样一种困惑：学生什么道理都懂，就是难于形成良好的行为规范。针对这种“常态”，我在带每一届学生的开学之初，都会就学生的德育教育做精心准备。

我将学校的各项制度及行为规范总结为具体七个字“镜、净、静、谨、敬、竞、进”进行逐一讲解，并将之细化为班级德育具体目标。通过这七字育人目标来实现德育理念，围绕“成人—成长—成才—成功”这条主线，形成了“用规范养人—用理念育人—用心育人—用目标育人—达到合力育人”的理

念；做到了以“班风正”促“学风浓”、达“有目标”、显“有特色”。共同构建“班风正、学风浓、有特色、有目标”的班级品牌目标。使学生能健康成长，让学生成人成才，这是我做班主任的执着和动力。

班主任要深入做学生的思想工作，就要在思想上注重引导。雨果曾说过“思想就是力量”。这就要求班主任应该对班级事务具有敏锐性和前瞻性。班主任要在学生出现问题前感知，特别是要在那些“学困生”产生放弃学习的念头之前，做好他们的思想工作，而不要等学生有了放弃的念头甚至是产生了厌学行为之后，再去做思想工作，再去引导，那样的话就不但费力，而且效果可能还要差一些。

2. 班级公约定在先

班级管理要有规则，而且规则要详细且合理。“没有规矩不成方圆”，但有些班主任在制定班规时总喜欢使用限制性条款，如“上课不许讲话，不许吃零食”“下课不许高声喧哗”，等等。这非常不适应高中生的年龄、心理特征。作为班主任，我们制定班级公约的目的不只是要告诉学生不该做什么，更重要的是要告诉学生该怎么做。因而在制定班规时，我从引导学生成长的角度出发，让学生知道该做什么或者是该怎么做才是对的，其他的当然就是不应该做的事情。

相反，有的班主任采取的治班方法简单化、教条化。究其原因，是因为部分班主任还没有真正理解制定详细班规和班级公约对学生良好行为习惯养成的重要意义。

3. 导之以行理在先

对于高中班主任来说，只是制定班规是远远不够的，还要反复地给学生讲清道理。要让学生不仅知道该做什么、不该做什么，更要让学生知道为什么要这样做，这样做有什么意义。

比如学生迟到，这是班级管理中常遇到的事，我是这样处理的。我告诉学生迟到的危害：一是不利于培养良好的生活习惯；二是不利于培养集体荣誉感；三是有碍诚信，因为守时既是诚信的表现，也是对别人的尊重。在讲明这些道理和相应后果的同时，我又帮助学生分析了迟到的原因并寻找改正的方法，这样做效果非常好。

二、尊重学生、打造班集体团队合作意识

1. 首先培养学生主人翁意识

让每位学生成为班级管理的主人，这是建设理想班集体的关键，也是班集体建设的重要目标。引导学生树立班级管理责任，当学生把班级当作自己的班级，那么这样的班集体将是个理想的班集体。

例如，在分配班级的卫生值日工作方面，我的做法是：将班级内外卫生工作细化为扫地、拖地、提水、倒垃圾，前后门窗、讲台黑板的擦洗等这些常项工作与擦玻璃窗、灯架风扇、文化专栏等非常项工作，以竞聘上岗的方式“定岗定编”并量化考核，这会带来非常好的效果。因为这在班集体建设中避免了学生产生被“管”的消极意识和班主任包办代替的局面。

2. 建立和谐的新型师生关系

树立“公正、平等、民主”的原则，是建立和谐师生关系的重要前提。教师要用真情去关心爱护学生，做学生的良师益友，善于与学生沟通，关爱每一个学生，特别是那些“问题”学生、家庭不健全的学生。只有在爱的氛围里，在信任和理解中，学生才能尽可能地释放出所有的潜能，从而才能进行自我教育、自我服务、自我评价，实现全面健康的发展。对于班级事务，更要大胆放手让学生去做，选拔和培养好班干部。使班干部成为坚强的集体核心，是班集体建设的一件大事。

为组建一支责任心强的班干部队伍，我组织学生民主选举班委会和团支委会，学生可以通过自荐、推荐、任课教师或同学提名等方式民主选举班级委员会和团支委会。同时确定班、团干部工作职责，向全班公布，由全班同学讨论通过。班级工作的管理由全班同学负责监督和评价，班级日常事务管理由班、团干部主持负责，而班主任不插手，只作为班干部的“参谋”或“顾问”，当然，教师要主动当好“导师”。只有让每位学生成为班级管理的主人，班集体才能持续健康发展。

3. 确立班集体的共同奋斗目标

班级的奋斗目标是班集体共同努力的方向。多年的班主任工作，让我形成了自己的班级德育管理和育人方式，即把班集体打造为“班风正、学风浓、有

特色、有目标”的集体。在此基础上我引导学生制订个人的奋斗目标，把集体与个人的目标融为一体，使每一个学生都获得正确的导向和激励，这也是创建优秀班集体的必要条件。真正落实“班级目标”就是“我的目标”的理念。

三、尊重教师，形成合力融合团队精神

作为班主任，我始终坚持和发挥教师的团队精神，增强团队合作意识。只有让学生亲其师，才能信其道，才能真正提高班级管理的效率。

以我带的2010届高三（9）班文科班为例，该班任课教师包括六位文科学科教师及体育、心理学二位教师，共八位教师组成。这八位教师为语文龙泽艳、数学张敏、英语徐德新、政治李婵、历史邵筱洲、地理罗谨、体育张涛、心理李姗。正是高二以来这八位教师不断地协调配合，相互支持形成合力，在教育教学过程中，做到“四个有机结合”，即采取个别辅导、分类指导与整体教育学辅导的有机结合；师生课堂作为变化与提高课堂效率的有机结合；注意学生个性差异与关注全体学生的有机结合；学生学科差异不均与整体学科均衡发展的有机结合。特别提出体育教师使学生有强健的体魄和良好的精神风貌，心理教师的心理辅导，疏导工作，等等，使班级整体教育教学效果和学科成绩有大幅度的提高。一本（485分）上线49人，地区文科前十名本班占6人，曲孟雅同学获地区文科状元605分被清华大学录取。考取名校学生之多创本校历史纪录。

团结出战斗力，团结形成合力，团结才能夺取胜利，这是我的深切体会。

四、德育教育的践行者——班主任工作做到“四心”

亚里士多德说：“思维是从疑问和惊奇开始的，常有问题才能常有思考，常有创新。”在日常管理实践中，作为班主任，我信奉“办法总比问题多”的总则，始终遵循“以严去导其行，以爱去动其心”的原则，情系学生，无私地奉献。在工作中做到“用心思考、用心工作、用心学习、用心育人”，就能综合各方面力量形成合力达到“爱心育人”的目标和境界。也正是在这样的教书育人中，我真正体会到教书工作的高尚和育人的快乐。

班级事务无小事，班主任工作烦琐细碎。在教学工作之余，我总结出班主任还要具备的三要素“盯”“关”“跟”。“盯”指针对个性学生，要特别的

重视和关注；“关”是关心，关心全体学生；“跟”指作为班主任要做到跟班紧，班级事务无小事。

如在2011届带班过程中有三个女生在心理素质和心态方面很不稳定，存在较大的不确定性，作为班主任我与心理老师李珊商议，由其不定期地关注并与她们交流，最终使她们心态逐渐平稳，顺利地走向高考。

同样，在2010届带班过程中，班里有两个男生个性较张扬，屡次违反校纪班规，经过观察，我发现他们精力旺盛，在学习上却花费时间精力有限，除了引导督促以外，尤其是在晚自习后的时间，不定期地抽查他们的寝室，使他们感受到老师的督促和关注，学习自觉性有较大的提高，他们高考都考出了好成绩。

“盯”“关”“跟”是我作为班主任带着爱心、责任心去践行班主任工作的点滴体悟。

例如，排座位也需要艺术。在教育教学实践中不难发现，学生的气质、性格、爱好、学科、学业上往往存在很大的差异，对于学生的各种问题需要有人提供帮助和进行纠偏。因此，在排座位时，将这些因素加以考虑，让学生在学习、交流、合作的过程中，相互促进、相互影响，促进个性的互补、互助，营造一个有利于学生形成良好个性与发展良好个性的氛围。

座位的编排可以从这五方面去实施。

一是动静搭配的原则：一个班级几十名学生的性格特征往往各不相同。班主任要通过细致观察，多找学生和任课老师交谈，这样在安排学生座位时可以避免出现“动”与“动”或“静”与“静”的“强强联手”，做到“动”“静”结合，以“静”制“动”，保证班级的正常教学秩序。

二是学科强弱结合的原则：在每个班级中，总有一些学生存在学习行为习惯较差、学科成绩欠佳、学科薄弱等问题。这部分学生我常给他们搭配成绩好、行为习惯好、控制能力强的同桌。这样可以带来良好的心理效应，不仅使学生的自尊心得到保护，自信心得到提高，也能使其产生与集体同进步的积极进取思想。

三是男女搭配的原则：班主任要恰当地利用男女学生的心理，班主任在安排座位时，要充分抓住学生的好胜求强的心理定式，最好让男女生错位搭配。

这样安排，能在无形中激励学生好学上进，也可以对学生的行为自律起到一定的作用。

四是性格互补的原则：中学生性格正处于成长期阶段，有相当的可塑性和变化空间，将不同性格的学生安排在一起，可以起到性格互补的作用，并让他们在每天的学习过程中，学习同学性格中的优点，有利于自身个性的完善和发展。这样就能潜移默化地发挥学生之间的自然教育作用，也有利于全体成员健康性格的养成。

五是自由组合性原则：我还在必要的时候，让学生自由组合，让学生自由选择座位，自由选择同桌同学，这是建立在尊重个性化发展和良好的人际关系基础上的选择。这样做，有利于学生在学习上寻找默契的合作伙伴，加深同学之间的友谊。因此，偶尔进行一次自由组合也是必要的。

作为多年的班主任和德育工作者，我以“学海无涯，教无止境”作为我班主任工作事业的追求。在班集体建设创新和思考的具体工作中，我摸索出自己的一套“成人—成长—成才—成功”的育人观。我记得著名的班主任魏书生老师曾经说过：“管理是集体的骨架。”我相信，只要能通过良好的班级管理让学生养成优秀习惯，学生的创新潜能就能被充分挖掘和释放出来。

教无止境　学海有教

——对班主任工作价值追求的体悟

现对班主任工作从八个“一”来进行梳理，以利于今后班主任工作更加有序、有效。

一、追寻班主任工作价值

1. 一个理念

“育人成长、成才”育人观，用规范养人、用理念育人、用心育人、用目标育人、达到合力育人。教师的职责就是教书育人，班主任的工作职责就是育人为先，使学生能健康成长，以利学生成人成才。班主任在德育教育的过程中用科学的教育理念、日常行为规范来进行习惯养成，用心工作、用心育人，并以德育教育为目标，促使综合各方面力量形成合力。

2. 一条主线

以七字育人目标来实现德育理念，即“镜—净—静—谨—敬—竞—进”的育人目标，来构建的“班风正，学风浓，有特色（个性），有目标”的班集体。

（1）“镜”是学校的各项规章制度及日常行为规范，是学生对照检查要遵守的行为。

（2）“净”指良好的教室卫生及学习环境，这能给人以好心情和好的学习环境。

（3）“静”指学习需要一个良好、安静的学习环境，“文科学生是靠时间堆出来的”，安静的学习环境，能极大程度地提高学生的自习效率。

（4）“谨”反映两个层面：一是学习严谨，教师的教育教学，学生学习体现出“知之为知之”“不耻下问”的学习态度；二是生活严谨，这是文科学生必备的要素，生活严谨也是为人之道。

（5）“敬”指尊师爱生，尊敬师长，孝敬父母长辈，关心爱护同学，相互尊重，相互关心。

（6）“竞”指“比—学—赶—帮—超”的班集体学风更浓，以“学风浓”促“班风正”，达“有目标”，显“有特色”。

（7）“进”由镜、净、静、谨、敬、竞这六字目标的一一落实，实现方方面面的进取和进步，进取精神是内驱力也是目标。

3. 一种精神

作为班主任，应始终坚持和发挥团队精神，增强团结合作意识。团结出战斗力，团结形成合力，团结才能夺取胜利，这是我的深切体会，也是带班的一大法宝。

4. 一项原则

班主任一如既往地尽力做好班级服务管理工作。用心工作、用心思考、用心育人，把班级打造成为“规范养人—理念育人—目标引人—典型树人—用心成人—合力成才”的育人环境，以典型引人，以榜样示范作用引领班风、学风，“以严去导其行，以爱去动其心”，做到言传身教，身体力行地做好本职工作。

5. 一本日志

近年来，我在班主任工作中，为了体现学生的“自我服务、自我教育、自我管理”的意识，根据班级自身的特殊性和自己的工作管理目标，编制了班级全程学习流程日志，重点抓早、中、晚三头来补充和完善教育教学工作。班级日志同班长制度有力地促进了班级工作的对比和素材的积累。

6. 一盏明灯

一个班级只有做到班风正、学风浓，才能使学生全面发展，使学生学习有很大进步。“一花狂放不成春”，班主任要认识到学习氛围的形成不只在于一两个学生，而是由个别学生（点）到少部学生（线）到全体学生（面）学习的整体进步和提升。同时，在学生学习过程中实现学科互补、性格互补，也能实现班级整体学生的大幅度提高和学科不同层次的进步。

7. 一体两翼

学生的主要任务是学习，作为班主任我是这样处理班级管理和班级学习的，以班级学习为重点和主体，其下支撑是语、数、英、政、史、地学科及体育课、心理课的八位学科科代表，由其组成的学习核心，即应处理好学习和班级管理的关系，这就是两翼。作为班主任的助手——班干部、团干部的职责分明，班委执行班级的工作安排，协助班主任做好班级日常管理，团支委也是根据不同时段学习的思想工作，都是紧紧围绕学习来展开相应工作，以学风促班风，从而最终形成“班风正，学风浓，有目标、有特色（个性）”的育人德育的班级。

8. 一个目标

高三就意味着面临高考，高考无法回避也不应回避，班主任应鼓励学生迎战高考、积极备考。

二、体悟班主任工作价值

一年来，高二（9）班68名学生在班主任的引领下，自觉遵守校纪校规，围绕班级德育教育，班级管理目标，营造“有目标，班风正，学风浓，有特色”的班集体，发挥了文科实验班典型示范作用。

（1）班级管理规范，有序创新，利用主题班会、每周小结课等进行班级常规教育及时处理班级事务，拓展德育教育的内涵。

（2）制订班级目标，形成合力，针对班级学生实际有针对性地制订班级工作管理目标，即“镜、静、净、谨、敬、竞、进”七字目标，将学校班级管理细化，以实现量化管理。班级德育育人管理目标为“有目标，班风正，学风浓，有特色”；通过培养学生自我教育、自我服务、自主学习能力，班集体的事体素养不断提升。

（3）发挥典型示范引领作用，注重学生个性及特长的引领，引导同学间开展互帮互助，互竞互学，尊师爱校，共同进步，实现班级各学科成绩整体提升，班级的“文明班级的考核”始终名列前茅。

（4）校园文化建设中显现意识和素养，积极参加校园各项活动，在校园值周、板报（专栏）宣传、文明考核、文艺会演等方面表现突出，尤其是高考前班级的卫生工作有力地彰显了班集体的凝聚力和集体荣誉感。

班级管理：等待花开的时节

改变能改变的，接受能接受的——

走在梦想的路上，梦想的实现不会太远

做梦……追梦……圆梦……

与青春做伴，让梦想放飞……

拥有等待的人是丰富的，生活中会有很多等待，每个人都有自己的等待。

一、教师=教学+班主任+教研

只有教育不到位的教师，没有教育不好的学生。

我在工作中的信条是“办法总比问题多！”

二、只有班级好，才是大家好！

班级团队建设离不开教师团队的合作，优秀团队体现团队精神。

（1）好的班级团队是团队每位教师共同打造的。

（2）教师团队成员也需要支持，也需要理解，也需要默契，更需要包容（但不是纵容）。

（3）尽量多地肯定任课教师。

（4）教师团队也是班级的一分子。

（5）教师抱怨班级学生或现状，产生的“负效应”。

三、班级管理：班主任具备超前意识

（一）常规教育导在先

以“镜”“静”“净”“竞”“谨”“敬”“进”七字原则引领班级育人目标，核心是“镜”“静”“净”“敬”。

（二）班级公约定在先

学生的自制力、约束力需要我们去培训、引导。

1. 班规

2008届高二（13）文科实验班班规

导语：结合开学时班主任提出的德育目标和要求，以“镜”“静”“净”“竞”“谨”“敬”“进”七字原则引领和培育班级育人目标，打造成班风正、有个性、有特色、有目标的班集体。经民主评议，形成以下班规，望共同遵守。

1. 晨读、早自习、午读、下午与晚自习做到自觉、自律、自制；自习课做到“守时、无声、高效”。

2. 本班学生不得带外班学生进班里。

3. 班里学生课间不允许在教室里、楼道里嬉戏打闹、制造噪声。

4. 班里同学注重仪容仪表，周一至周六穿校服，男女生头发符合学校制度，不戴饰品，周日不穿奇装异服。

5. 热爱班集体的荣誉，不做有损班级利益的事，共同维护班集体荣誉。

6. 遵守课堂纪律，课堂上发言要举手或起立，应该讲规矩，不吃零食。

7. 懂礼貌、守礼仪，养成良好的行为习惯；不可以有不礼貌的动作，尊重他人的发言和想法。

8. 爱护班级卫生，珍惜他人劳动成果，不乱扔纸屑和杂物；学习用品摆放有序不乱堆放，不影响课业及视线。

9. 同学之间互帮互助，宽容待人，礼让待人，言行举止符合中学生行为规范。

10. 参加升旗、公众集会与公益活动等集体活动，做到快、静、齐，都要安静、有序、有礼。

11. 听从教师的教导，认真学习，不断进步，不断前行；天道酬勤，贵在坚持，难在坚持，成在坚持。

12. “反复练习也是成功之母。”对于老师布置的作业与学业，端正思想，每天都应认真、按时、保质地独立完成作业。

13. “优秀也是一种习惯。”对于同学、老师的优秀，不要吝于赞美，让双方在赞美中一起前进，这样会走得更远，走向成功。

2. 班级值周日志

班级值周日志

____月____日　星期____　第____周　值周班长________

应到人数		实到人数		未到人数	
缺勤人 及事由					
班内事务 记录					
自习 记录	下午				
	晚上				

2010届高三（9）文科实验班班级状况及策略

一、班级现状

2010届的高三（9）班文科实验班有学生63人（高二年级为68人），其中，男生13人，女生50人，回族、土家族学生共3人。

文科班的特点：女生人数多，这在一定程度上使班级管理及教育教学有其特点：学生学习状态参差不齐，学生层次多元化，学科间的不合理现象及学生学科优势差距明显，两极分化趋势日益凸显。

从第一次月考成绩分析：学生成绩排名出现大幅度断层现象。呈现着头轻（有尖子）、中空（无梯队）、尾大（名次靠后集中的密度大）的状态，比较令人担忧。班级未形成合理的梯次格局，且短期内难以改观，已经形成的金字塔形的梯队结构。

二、班级状况分析

我是高二开学之初接班的，班级存在着头轻、中空、尾大，学生名次靠后集中、密度大，学生的成绩排名存在大幅度断层现象。部分学生的学科“短腿”、薄弱现象严重。为此，从高二已经开始注重加以纠正和弥补不足。从学科优势、学习动机、学习习惯、性格互补、学法指导、合理休息、助学帮困小组等方面进行抓中间促两头的思路来加以纠偏和科学引导。从高二学段的七次月考分析虽有改观但成效不明显，这已成不争之实。

三、班级高考目标及任务

从高三第一次月考成绩来看，班级有尖子（苗子），但尖子不尖，培养和构建尖子梯队已成当务之急。

作为第四届文科实验班班主任，就该次月考与2007届、2008届、2009届、本届共四届的第一次月考进行客观的分析和比较：2007届第一次月考平均分510.24分，2008届第一次月考平均分472分，2009届第一次月考平均分520.84分，2010届第一次月考平均分502. 47分。学生的生源、整体素质和实际情况对比也存在很大差距，而且不容乐观。班级现状和以往相比差距较大。

目前，学校虽然也做了相应的调整（政治、地理学科的任课教师进行了调换），但短期内难以见效。

为此，结合本班实际，本班全体任课教师就第一次月考进行认真的分析、讨论，进一步明确了本班高考教育教学的目标和任务。

一本上线人数：35人。

600分以上人数：2人（力争3人）。

北大（或清华）或地区文科状元：1人，力争有所突破。

语文、数学、英语、文综四门学科：地区文科单科状元1门，地区文科前10名占一定比重。

以上班级目标及任务，是我们六位任课教师在认真分析、客观评估的基础上提出的比较切合实际的目标，是实事求是的结论。

四、采取的对策和措施

（1）发挥团队精神，增强团队合作意识。六位任课教师将进一步协调配合、相互支持、形成合力，做到“四个有机结合”，即采取个别辅导、分类指导与整体教学辅导的有机结合；师生课堂行为变化与提高课堂效率的有机结合；注重学生个性差异与关注全体学生的有机结合；学生学科差异不均与整体学科均衡发展的有机结合，使班级整体教学效果和学科成绩有大幅度提高。

（2）作为班主任，我将一如既往地努力做好班级服务、管理工作。用心思考、用心工作、用心育人。把班级打造为“规范养人—理念育人—目标引人—

典型树人—用心成人—合力成才”的育人环境。以典型引路，以榜样示范作用引领班风、学风，使全体学生整体提高。

（3）针对班级现状，进一步以班级管理目标和育人目标去引领学生，以“成人—成长—成才”为坐标，构建学生学业水平的最佳梯队层次配置。

综上所述，依据第一次月考，六位任课教师形成共识：针对个别学生个别学科薄弱的现状，对其进行有针对性的辅导，查漏补缺，培优扶强。使学生学科强项更强，弱项变强。在学科均衡的基础上，发挥学科优势，力争实现班级教育教学目标和任务。

2013届高三（13）文科实验班的状况与存在问题

2013届高三（13）文科实验班的科任教师有语文刘宏、数学张敏（后是李华）、英语高虹、政治刘志武、历史邵筱洲、地理肖锐六位文科学科教师及体育张涛老师、心理李姗老师共八位教师。

作为班主任，想得比较多的是，从高二带到高三，这届文科班的现状并不乐观，也不理想，班级面临的问题是：

一、生源问题

从小尖班的分班及学生成绩来分析是比较可信、真实的；学生整体来看比较齐；新的班级组成学生来自原高一（15）（16）班，两个实验班占一定的比例；平行班比例较大。进班成绩学科“短腿”现象明显，年级前十名只有一个第十名选学文科，这是班级的现状。

对文科班的定位和班级的核心理念是：文科要出名校。文科容易出名校，关键是生源；师资配备方面也应做到合理配置，名副其实；还要具备合作意识，发扬团队精神。

以目前班级现状来预测：要出成绩难。从近一年来的学习和每次考试情况来看，学生与学生的学科（强弱）分化加大，“培优扶差”“培优扶强”的难度大，问题多。

二、师源问题

从一年来的教育教学实践来看，师源问题不小，令人担忧。这学期我也和多位任课教师进行交流、鼓舞士气。

三、班级“团队”问题

高二这一年我并不好过。一是因为教师配备问题最终换老师，班长辞职并换班；二是学生情绪不宁，学习状态不佳，心理状态不稳，甚至出现过激行为。

文科班不像理科班（理科班基数大，2个小尖班、2个实验班、7个平行班）。文科小尖班的人数宜多不宜少。况且高一基础太成问题，一年的辛苦收效不大，但是好在学生养成了比较好的学习习惯和方法。

班级学生的滚动要发挥正效应：滚动进来一些有潜力的、认真刻苦的学生，这样才会给班里学生以鼓舞、督促、鞭策，才会使班级整体的竞争力、进取心更强。

要想走得远，就要大家一起走，团结才有战斗力。无论是班主任还是科任老师都会竭尽全力，并进一步发挥团队精神。

2013届高三（13）文科班学情分析及备考思路

2013届我带高三（3）（13）（14）三个班级的历史教育教学，这三个班级也是三个不同层次的班级。教学任务重，教学压力也大。自高三以来的几次月考，尤其是将乌鲁木齐及自治区的考试进行对照，无论是从主观还是客观方面来看，都会发现较多问题。

一、班级的学情、考情分析

高三（13）班，学生总体基础比较好。客观来讲，学生的学习能力比较强，学习目标也较明确，但仍存在知识层次参差不齐的现象。虽然学生课堂思维比较活跃，但学生基础知识的运用与做题的思路和解题方法上有待提高和加强。应通过鼓励、引导、教育，使学生明确目标、端正思想、拼搏进取、挑战自我、迎战高考。

1. 班级学生整体素质不高

自从高二接班以来，这个问题始终困扰着我，第一次月考结果因“没有尖子生”而使我产生了疑虑，也促使我对班级现状的正视和思考。经过高二一年的师生努力，学生的学习虽有进步，成绩虽有提高，但无显著的表现和改观。

进入高三至今，随着对几次月考的成绩的分析（前三次的月考），加上与以往的带班、教学和搭班老师的团队合作等经验的参照比较，尤其是对2012年高考学科命题的难易和分数线的研究，我推算评估出今年（2013）的重本（一本）上线人数为28—35人，极限是40人。可是，对照这两次的乌鲁木齐及自治区模考的考试成绩，无论是从主观还是客观方面来看，差距太大，完全推翻了我的预测。本人以490分（重本分数线）作为参照分数，前一次上线人数为13

人，500分以上人数为9人，后一次上线人数为22人，500分以上人数为18人（含进班2人）。

2. 班级学科整体优势不明显

据班级现状，对数学、地理学科进行了调整。我们六位老师也都尽心尽力，在“培优扶尖”方面，花大力气，下大功夫。从整体上看：语文学科稳中进步，数学英语学科进步快，但学生的大三门学科的短、弱学科明显，分化、差距日益加大；历史、政治、地理学科总体上升，但文综学科短、弱现象明显，常有大起大落，且学生对文综学科重视程度并不乐观。

3. 所带其他班级的现状

所带高三（3）班，两极分化严重，学生总体来说基础知识薄弱，遗忘率相当高，学生主观努力不足，学习能力欠缺，学生之间层次落差比较大。

高三（14）班总体来说，学生基础知识掌握不够扎实，学习能力还比较好，但也有部分学生投入历史科的精力过少，部分学生的解题能力有待加强。

二、强化师生的团队意识，树立团队精神

（1）继续做好“培优扶弱”“培优扶强”的工作，培育尖子梯队是当务之急。

（2）六位学科教师协调合作，齐抓共管。

（3）发挥学科优势，力争大面积提升。

（4）立足学科特点，细化和实施好“以练督学”“以练带点”高考复习思路。

三、采取的复习策略

针对学生的上述情况，为了让学生在剩下的80多天的有限时间中实现高效学习，尽量多地达到上述目标，我们文科班的科任老师计划二、三轮复习时从以下几个方面采取措施。

针对（13）班的学生现状，一方面引导学生结合最新考纲要求，回归教材加强基础知识的迁移，并尽量强调课堂记忆，夯实基础；另一方面强化训练，并在训练过程中指导学生学习、解题能力的提升。进一步加强对学生做题、分

析、综合、归纳等能力的训练，引导学生规范答题，以减少丢分，并让学生学会归纳知识、串联知识。在高考中力争考出好的成绩。

具体措施如下：

（1）仔细研读高考考试说明，加强对新高考试卷（包括对地方自主命题的试卷）的研究，发掘有效信息，把握2013年高考历史学科的命题趋势，做到复习有的放矢，增强复习的实效。

（2）开展多种形式的集体备课、课堂教学研讨、试题研究等教研活动，探索高质有效的历史复习模式。

（3）充分利用课堂时间，提高课堂效率。

首先，二轮复习中要求学生“回归说明”“回归课本”。在课堂教学中留给学生一定的时间自主背书，特别要指导学生学会读书、读教材。指导学生识记重要的史实、概念和结论，能够再认、再现历史的阶段特征、基本线索和发展进程。

其次，教师课堂上重点讲线索、讲阶段特征、讲知识体系、讲历史概念，并以近年高考题中的典型试题作为示范，做到“以练督学”“以练带点”。

再次，突出材料教学。进一步培养学生阅读材料、理解材料与归纳史实的能力。体现“以练代教”“以练督学”“以练带点”。

最后，要寻找专题或热点问题的交叉点，培养学生运用历史知识解决现实问题的能力。

（4）合理安排练习、考试。要精选题目，认真批改，细心总结分析，有针对性地讲解，提高练习、考试的效果，加强对学生答题规范性的指导。

（5）对政治、历史、地理文科综合的单科偏科的临界生要予以个别辅导。

以上就是我们高三文科班的科任老师的应对措施和努力方向。

团队精神是提升高考绩效的核心

作为班主任，我始终坚持和发挥教师的团队精神，增强团队合作意识。

2008届高三（13）文科实验班的科任教师为语文李蔚蓝、数学秦继东、英语李志明、政治刘志武、历史邵筱洲、地理肖锐六位文科学科教师及体育颜志龙老师、心理李姗老师共八位教师。

2010届高三（9）文科实验班的科任教师为语文龙泽艳、数学张敏、英语徐德新、政治李婵、历史邵筱洲、地理罗瑾六位文科学科教师及体育张涛、心理李姗共八位教师。

2011届高三（15）文科实验班的科任教师为语文朱永宏、数学邱运良、英语高虹、政治李婵、历史邵筱洲、地理罗瑾六位文科学科教师及体育侯亮如老师、心理李姗老师共八位教师。

2013届高三（13）文科实验班的科任教师为语文刘宏、数学李华、英语高虹、政治刘志武、历史邵筱洲、地理肖锐六位文科学科教师及体育张涛老师、心理李姗老师共八位教师。

各位老师不断协调配合，相互支持形成合力，辛勤耕耘，发扬团队精神，齐抓共管，形成合力，发挥了教师团队教育教学资源的优势。

一路走来，近几年高考教育教学成绩斐然。

2007—2008学年（2008届），我是高三（13）文科实验班班主任，班级64人，高考成绩优异：重点本科上线49人，地区文科前十名本班占5人，有36名同学分别被“211工程”“985工程”所属高校录取。

2009—2010学年（2010届），我是高三（9）文科实验班班主任。该班重点本科上线45人。地区文科前十名本班占第一、二、三、六、十名（二人并列第十名）共6人，曲孟雅同学获地区文科状元，高考605分，被清华大学录取。有39名同学分别被“211工程”“985工程”所属高校录取。圆满完成学校的高考指标和任务。

2010—2011学年（2011届），我是复读（15）文科实验班班主任。将复读（15）文科实验班成绩由进班时的高考平均分385分提高到高考时的445分，平均涨幅62分，本科上线率93.75%，圆满完成学校的高考指标和任务。

2012—2013学年（2013届），我是高三（13）文科实验班班主任。全班50人，一本上线43人，600分以上一人：王艺赟同学高考604分。地区文科前十名本班占三名，其中，王艺赟同学第三名，章怡婷同学第七名，张雅静同学第九名。有34名同学分别被“211工程”“985工程”所属高校录取。

这些成果的取得，正是所带班级全体教师发扬团队精神、齐心协力、相互支持、形成合力的结果。这充分说明团结形成合力，能充分发挥教师团队优势，这也是学科教师们的深切体悟。

浅谈班级教育智慧的实践与思考

“学校不能一天没有班主任”，班主任工作的重要性由此可见。对教师而言，完整的教育教学生涯，应当包含班主任的经历和体验。因为只有班主任才能真正体会与学生交往过程中的苦与乐并与学生一起成长，才能真正体验教育的乐趣。班主任只要能够以爱心、细心、耐心去面对工作、面对学生，就会生发出教育的智慧。

教育智慧的产生，源于对学生的爱。有了爱，就会为学生的健康成长苦苦思索，自然会有智慧，做教育时产生的奇思妙想也会不绝如缕。

一、学校班级教育智慧的实践

（一）从确保学生安全做起

安全是学校稳定、发展的前提，关注生命、关爱生命也是我们全体教师的职责。利用报告会、主题班会、国旗下讲话和手抄报等形式向学生进行安全宣传，确保学生饮食安全、交通安全、运动安全，用电、用水安全和心理健康安全等，特别是加强对学生的交通安全和防溺水安全教育。

（二）规范常规管理，进一步加强班风学风建设

1. 以抓常规管理促进教育教学工作的提升

学校推行和落实《文明班级考核制度》，通过考核，把班主任的思想统一到学校工作高度上来，加强对学生的行为规范教育，要在细、严、实上做文章，对违反纪律的学生要密切关注，帮助他们尽快改正错误、实现进步。

良好的教学常规工作是进行正常的学习和生活的保障，当学生有违反纪律或不文明的举动，往往会使一堂好课留下遗憾，使整个班集体教育教学活动宣

告失败，也会直接影响到班集体建设。因此，要扎实有效地加强学生对校规校纪的落实，使每个学生进行自我约束并形成习惯，保证良好班风的形成。

2. 关爱学生，走近学生

“只有用爱，才能教育好孩子。”班主任要善于接近学生，体贴和关心学生，和学生进行亲密的思想交流，走进学生心灵，让学生真正感受到老师对他们的关心和爱护，这是班主任顺利开展工作的基础。班主任可以通过活动观察、了解班风和学风，了解学生存在的差异与学习层次，掌握班情、学情，尤其是了解特别需要关注的学生。

（三）抓队伍建设，不断提高班主任教育智慧

1. 进一步抓好队伍建设

学校通过每月班主任工作例会，总结本月的德育工作开展情况，同时，布置下个月各项工作，提高班主任例会质量。强化班主任工作考核，重点考核班主任的工作态度和工作业绩。具体到班级常规考核则是要做到“一周一公布，一月一考核”。考评结果存档，作为年终评优评先的主要参考依据。

进一步做好班主任培训工作。通过每学期举办的班主任工作的培训、讲座，从班主任工作的理论、案例和工作实际等方面来提高班主任工作管理水平，做好班主任的外出培训工作。

2. 发挥班主任的引领示范作用

开展“以老带新”班主任结对活动：在自愿的基础上，确立“对子”关系，使新班主任在老班主任的指导下尽快成长。同时，从如何召开主题班会；如何进行日常班级管理；如何做好后进生的转化和优秀生的培养工作；如何与家长沟通，发挥“家校合力”作用四个方面开展工作，多学习、多请教，真正发挥老教师的引领和示范作用。

（四）进一步发挥教育功能，形成德育教育格局

1. 开展丰富多彩的德育活动，提高学生的整体素质

通过主题班会、报告会、专题知识讲座、讲故事比赛、朗诵比赛、运动会、“一二·九红歌比赛”、文艺会演、民族节日等系列活动，让学生展示特长，发展个性。

2. 增强德育教育的有效性、长效性

以一月一主题、升国旗、主题班会、主题队会活动等形式开展主题教育活动，形成强大的教育氛围。利用板报、橱窗、宣传栏、校园广播、家校平台、校园网等宣传阵地加强对学生的科普知识宣传，提高学生的综合素养。

学校德育工作体现出“有布置、有落实；勤检查、多沟通；勤通报、多服务”的特色，促使德育工作再上新台阶。

总之，教育智慧是通过班主任在处理琐碎的工作的过程中生发出来的。只要我们真诚地捧着一颗爱心，在实践中不断完善自己，并运用好的、科学的工作方法，就一定能把班级管理得更加出色。

二、对班级工作教育智慧实践的反思

没有人能够轻松成为优秀班主任，但是请相信：每个教师都有成为班主任的可能，每个班主任也都可以通过不断的学习和不懈的努力，让自己更加优秀。

1. 关爱学生、用心育人

班主任要善于接近孩子，体贴和关心学生，和学生进行亲密的思想交流，让学生真正感受到老师的关心和爱护。这是班主任顺利开展一切工作的基础。研究学生是取得教育成功的必要条件，其最好的途径是通过活动进行观察。真情投入，营造温馨和谐的班集体，使班级成为学生健康成长的一方沃土。为了优化班级管理，创设优良的管理环境，应把学生从受教育者转化成一个自我教育者，突出学生的主体地位，让学生做班级的主人，引导学生创建一个文明守纪、团结互助、勤学上进、有强大凝聚力的班集体，学生就会对班主任产生信任和依赖。

2. 确立班主任工作长效机制

通过班主任工作的管理目标，完善班主任工作的量化考核方案，做好班主任的培训工作，不断地巩固班主任工作的成果，确保在校生无重大违纪和违法犯罪现象。同时，结合不同的学段，进一步加强学生心理健康教育和青春期教育，有效化解学生的各种心理问题，使学生自主健康和谐地成长。

3. 利用好评价激励机制

对学生的评价必须讲究策略。班主任应把握好“激励胜于批评”的原则，让学生“在鼓励中发扬成绩，在微笑中认识不足”，使学生在轻松愉快的氛围中健康快乐地成长。

4. 班主任对自身角色的认知

班主任必须在班级事务中妥善处理各项事务，很多的“鸡毛蒜皮”的小事，落在孩子心里就是天大的事。作为班主任，我们在管理上一定要规范和民主，班集体才能朝着健康的方向发展。

班主任要管理好一个班级，还要充分调动学生的积极性，培养好班干部。通过培养学生干部的组织管理能力，增强他们为班集体服务的意识。

班主任要在充分尊重学生的前提下，信任、赏识、鼓励学生，做学生最值得信任的朋友。同时，班主任也要用自己的耐心和智慧，赢得学生的理解与尊重，信任与爱戴，成为学生人生中成人、成长道路上的“人梯”。

参考文献

［1］陈宇. 你能做最好的班主任［M］. 北京：教育科学出版社，2011.

［2］谢世腰，王力. 课堂管理与班级管理［M］. 西安：陕西师范大学出版社，2009.

［3］郑克俭，王作廷. 新时期班主任工作的创新［M］. 西安：陕西师范大学出版社，2009.

［4］李凤荣，闫景秋. 新时期班主任工作难题解决经典案例［M］. 西安：陕西师范大学出版社，2007.

［5］舒达. 中小学班主任素质修养［M］. 北京：开明出版社，2006.

附录

第一师教育局首批名师工作室邵筱洲高中历史名师工作室工作方案

工作室宗旨是借助工作室平台，实现学科教师的专业成长与发展，提升学习力，并辐射师市教育系统，引领和推进师市历史学科和文科综合学科教师整体水平的发展。

一、工作室成员构成

工作室的团队：邵筱洲名师工作室由第一师高级中学高中历史特级教师邵筱洲领衔主持工作，由第一师阿拉尔市教育局教研室黄维主任担任顾问。

工作室的成员来自第一师阿拉尔市各高中的历史教师，分别是：

塔里木高级中学历史教师：陈秀兰、张颖、文开勇。

金银川一团高中历史教师：陈利元、王睿颖。

第一师高级中学历史教师：严康辉、江潺、沈玉华、李艳艳。

工作室的定位：学科成长的平台，课改教研的基地，交流辐射的中心。

工作室的追求：打造有教师学习力、教学行动力、教研反思力、学科创造力的高中文科综合学科的教师团队。

二、主攻方向

本工作室以教学研究为主线，引领教师发展，建立名师梯队。以领衔人及成员课题研究为重要方式，教学研讨为主要内容，加强教学研究，促进教师转型；以提升团队教师专业发展为目标，共享资源，形成合力，发挥“名师工作室”、名优教师的示范、引领、辐射作用。

通过三年努力，把工作室成员打造成为在师市内外有影响的优秀教师。带动师市历史学科及文科综合学科教师的专业发展，关注师市高中历史教育教学中的热点问题，使工作室成为师市历史教育教学的科研基地，培育研发能力，打造特色品牌。同时，以教研活动及网络媒体为载体，推广工作室取得的成果，使工作室成为教学经验成果、教学资源的共创、共享平台和基地。

三、建设目标

（一）发挥团队优势，搭建学科成长平台

构建大教研，做到“点、线、面”的相互统一。

1. 夯实一个“点”

领衔人确立更高的奋斗目标，进一步提升自己的教学思想、教学素养、教学艺术，形成个性化的教学风格。

2. 培养一条“线”

各成员制订切合实际的成长规划，进一步提高自身教学水平，提升理论素养，向更高层次迈进。

3. 形成一个“面”

通过资源共享、名师辐射，带动工作室各成员学校乃至师市的高中文科综合学科教学又好又快地发展。

（二）凸显工作重心，有序推进基地建设

注重课改教研工作，立足基地，以高中历史学科课改为目标。

1. 抓好课题的申报和研究

以“有效教学、高效课堂建设”及“探究活动课的设计与实践研究”为主要课题，明确研究方向和目标，推动名师工作室的建设和发展，发挥好工作室的引领和示范作用。

2. 完成一本至两本著作或教学资料

在课题研究的基础上，形成一本至两本关于高考、学业水平考试命题方面的教研课改论著或是探究活动课的设计与实践研究方面的论著。

3. 抓好基地建设

通过启动名师工作室，购置设备与图书，优化研究环境，利用建好的名师网络工作室，供工作室参与者研讨、交流。

（三）做好传帮带工作，彰显工作特色

进一步发挥工作室的团队精神，领衔人和工作室成员做到五个统一：学习培训与课题研究相统一；理论学习与教学实践操作相统一；自主学习与专家引领相统一；独立思考与合作交流相统一；自我反思与不断提升相统一。

四、建设方案

（一）学习与研究

领衔人和成员根据自己实际的目标计划，采取自主学习、自主实践、自主反思的办法来提高自己。要求在学习过程中做好读书笔记，反思自己的教学行为。

（1）每学期认真阅读1本教育教学理论专著，参加1次高层次的学术交流活动，并记录学习心得。

（2）三年内主持完成1项师市级以上课题，有至少3篇论文在省级以上刊物发表或获奖。

（3）每人每年要为同行提供3—5份具有较高价值的学习材料。团结协作，相互激励，共同打造学习型、研究型团队。

（二）交流与实践

领衔人确立总的研究方向，成员在此框架下每人确立自己的科研课题。做好课题的计划与研究过程的记录、交流、反思、总结、整理等。定期将自己的教育教学理论与实践相关的文章、图片、视频等上传，并及时上传工作室活动实录，借助网络平台加强与同行的交流。

（1）每学期作1次成员论坛发言，1—2次教学研讨。

（2）每年至少开设1次校级、师市以上公开课或讲座，展示自己的研究成果或教学经验。

（3）成员每年原创一节教学设计或优秀导学案，撰写一篇教学论文或教学反思。

（4）不定期地在工作室、网络平台上进行与成员之间和与其他教师之间的交流。

（5）编制较高质量的模拟高考试卷及学业水平考试试卷。

（三）辐射与引领

（1）要帮助其他教师成长。积极参加辅导青年教师的“导师带徒”活动，培养学科新秀，倾心关注、引领成长。

（2）工作室成员积极参加各级各类教育教学及论文等的相关比赛，以此促进成员教育教学水平的提高。

（3）工作室网站建设：要积极上传相关的学习与研究成果，保持一定的点击量。

（4）借助创建的师市学校间建立的历史学科教师QQ群——“大漠绿洲历史交流群”，交流、指导历史学科的教学问题。

（5）有计划地按照教研课、听课、评课、反思等环节，全员参与，开展形式新颖、实效性强的教研活动和专题培训活动，聆听专家名师的指导，汲取思想和理论精髓，加快成员的专业发展进程，以此引领和带动文科综合学科教师的专业成长。

五、主要指标

（一）研究内容

工作室周期内着力研究以下几个热点、焦点问题。

（1）有效课堂教学与历史教学能力提升研究。

（2）课堂教学改革（关注师生课堂行为变化）。

（3）基于材料型试题的开放题命制技术研究。

（4）学业水平考试与高考相关研究。

（5）历史探究活动课的设计与实践研究。

（6）考虑必修、选修课程的开发与研究。

（二）研究方式

学习、实践、调查、反思、总结。

（三）研究目标

（1）探索一条既能有效应对高考、学业水平考试，又能有效培养学生能力与思维的课堂教学之路。

（2）探索建立相应的课堂教学模式，改变教师的教学观念，改进教学方法，培养学生自主性学习和创造性学习的能力，促进学生快速成长。

（3）加快必修、选修课程开发、研究的步伐，开发有一定质量的校本课程。

（4）提高命题技术，改进作业内容与方式，并以此提高教与学的效益。

六、预期成果

（1）论文及研究报告：高中历史教学及高效课堂的实践、教研课改的研究成果。

（2）相关教学研究成果论文集：师生论文、教学设计、教学反思、校本研究、课题研究等。

（3）举行研究成果的展示活动：以会议研讨、交流、公开课、专题讲座、论文汇编、学术报告等形式向师市教师推广。

第一师教育局邵筱洲高中历史名师工作室领衔人：邵筱洲

2015年10月3日

教育部首届“中小学名师领航工程”邵筱洲名师工作室三年目标及规划

一、工作室成员情况

“邵筱洲名师工作室”成员组成：一是工作室主持人，负责工作室的全面工作。二是工作室指导专家成员马雪琴副教授（石河子大学政法学院）、李国平教授（塔里木大学历史与哲学学院），指导主持人展开工作。三是工作室助理文兵（第一师高级中学教研室主任）、罗光伟老师（第一师高级中学高中语文高级教师），协助主持人展开工作。四是学员，由第一师阿拉尔市教学名师培养对象及优秀青年教师组成，分别是塔里木高级中学的陈秀兰、朱璇、杨珍老师；一团中学的陈利元、刘海建、何亿军老师；第一师高级中学的严康辉、王睿颖、李艳艳老师。

二、工作室三年建设目标

（一）整体设计目标

1. 发挥团队优势，搭建学科成长平台

发挥团队优势，构建大教研格局，做到“点、线、面”的相互统一。

（1）夯实一个“点”。领衔人确立更高的奋斗目标，进一步提升自己的教学思想、学科教学素养、教学艺术，形成个性化的教学风格。

（2）培养一条“线”。各成员制订切合实际的成长规划，进一步提高自身教学水平，提升理论素养，向更高层次迈进。

（3）形成一个“面”。通过资源共享、名师辐射，带动工作室各成员学校乃至师市的初中、高中历史学科教育教学有序地发展。

2. 凸显工作重心，有序推进基地建设

注重课改教研工作，立足基地，以高中历史学科课改为目标。

（1）建设周期内抓好1—2个课题的申报和研究：以“实施优质教学”以及“有效班级管理建设”为主要课题，明确研究方向、内容和目标，推动名师工作室的建设和发展，做好工作室引领和示范作用。

（2）编写好1—2本论著或教学资料（问卷调查报告或论文）：在课题研究的基础上，形成1—2本论著或课题集，《学科教师优秀论文汇编》，以及关于高考、学业考试备考方面的问卷调查报告或论文，如《历史备考一轮二轮复习有效性的问卷调查报告》。

（3）抓好基地建设：通过启动名师工作室，购置设备与图书，优化教科研的学习、研究环境；利用好名师工作室平台，有利于工作室参与者的研讨、交流。

3. 导师带徒，做好传帮带工作

进一步发挥工作室团队精神，领衔人、助理和成员做到五个统一：学习培训与课题研究相统一；理论学习与实践操作相统一；自主学习与专家引领相统一；独立思考与合作交流相统一；自我反思与不断提升相统一。

（二）主要目标

1. 研究内容

工作室周期内着力研究以下几个热点、焦点问题。

（1）有效课堂教学与历史教学能力提升研究。

（2）关注课堂教学中的师生课堂行为变化；在教学中发现问题解决问题的调查的研究。

（3）基于材料型非选择题试题的开放性试题的解析与研究。

（4）学业考试与高考备考及历史一轮二轮复习等相关研究。

（5）历史教学与学生班级管理能力的研究，探究班级有效管理。

（6）考虑历史教材必修、选修课中的探究活动课的选题与研究。

2. 研究方式

学习、实践、调查、专题讲座、反思、总结。

3. 研究目标

（1）探索一条既能有效应对高考、学业考试，又能有效培养学生能力与思维的课堂教学之路。

（2）探索建立相应的课堂教学模式，改变教师的教学观念，改进教学方法，培养学生自主性学习和创造性学习的能力，促进学生发展。

（3）对历史教材必修一、二、三及选修一、四教材中的探究活动课研究，做好历史教材必修、选修课中的探究活动课的选题与研究工作。

（4）提高命题技术与水平，改进作业内容与方式，并以此来提高教与学的效益。

（三）主要任务

1. 学习与研究

（1）每学年认真阅读1—2本教育教学理论专著、参加1次高层次的学术交流活动及学习心得。

领衔人和成员根据自己实际的目标计划，采取自主学习、自主实践、自主反思的办法来提高自己。要求在学习过程中做好读书笔记，反思自己的教学行为。

（2）三年内主持完成1—2项师市级及以上课题，在省级以上刊物至少3篇论文发表或获奖。

（3）每人每年要为同行提供2—3份具有较高价值的学习材料。打造学习型、研究型团队。

2. 交流与实践

领衔人确立总的研究方向，成员在此框架下每人确立自己的科研课题。做好课题的计划与研究过程的记录、整理、反思、总结、交流等，并及时上传工作室活动实录，借助网络平台加强与同行的交流。

（1）工作室成员每年至少1篇学科教育教学理论与实践相关的论文、经验文章、反思、教学设计等在省级及以上刊物发表会交流，或在自治区、兵团级相关学科评选活动中获二等奖级以上奖次。

（2）在建设周期内，工作室每年至少组织1次示范教学、专题讲座或主题活动，通过研讨交流课或讲座，展示自己的研究成果或教学经验，并形成优秀教学设计或优质课例实录。

（3）工作室成员不定期地在工作室、QQ群上进行与成员之间和与其他教师之间的交流。

（4）建设周期内工作室成员命制1份高质量的模拟高考或是学业考试试卷。

3. 辐射与引领

（1）工作室网站建设：借助工作室、QQ群（“大漠绿洲历史交流群”或“邵筱洲历史工作室”）等，上传相关的学习与研究成果，进行与成员之间和与其他教师之间的交流。

（2）通过学习观摩考察，“走出去，引进来”，邀请省内外名师进行专题讲座、交流、指导、研究、探讨工作室建设和学科建设等的相关学术研究。

（3）教学相长、引领成长。践行“导师带徒”活动，培养学科新秀，倾心关注、共同成长。

（4）工作室成员积极参加各级各类教育教学相关比赛，以此促进成员教育教学水平的提高。

（5）有计划地按照教研课、听课、评课、反思等环节，全员参与，开展形式新颖、实效性强的教研活动和专题培训活动，聆听专家名师指导，汲取思想和理论精髓，加快成员的专业发展进程。

（四）主要成果

1. 工作室的预期成果

（1）论文及研究报告：高中历史教学及高效课堂的实践、教研课改的研究成果。

（2）相关教学研究成果集：论文、教学反思、教学设计、课例光盘、教学课件等。

（3）举行研究成果展示活动。

（4）以会议研讨、公开课、专题讲座、学术报告等形式向全市教师推广，并以QQ群、微信、微信公众号等形式向师市教育系统推广。

2. 工作室的相关制度

（1）会议制度，建立交流分享制度。

（2）外出学习制度。

（3）课题引领制度。

（4）出勤制度。

（5）考核制度。

（6）档案管理制度。

三、工作室三年具体规划

第一阶段建设进度（2018年5月至2019年5月）：明确工作室成员发展目标，树立两种意识。

（1）加强理论学习，提高自身政治思想素质和师德修养。谨遵教师使命，始终尊重学生的健康发展。树立奉献意识和责任意识，启迪学生的智慧，塑造学生的心灵，甘当学生成人、成长的“人梯”。倡导奉献精神，带领工作室成员合作交流、共同成长，不断学习新的教育理念。

（2）学习是教师成长的源泉。工作室成员要不断学习，每年至少读2本教育教学理论专业书籍。只有在不断学习中，工作室成员们才能获得进步。不断开阔视野和扩大阅读知识面，使理论服务于教育教学实际，提高业务理论水平。

作为领衔人和成员根据自己实际的目标计划，采取自主学习、自主实践、自主反思的办法来提高自己。要求在学习过程中做好读书笔记，反思自己的教学行为。

（3）树立终身学习的理念。以“浙江台州专家援教活动”为契机利用好教学资源，丰富知识结构，增强理论底蕴。同时，加强与内地专家名师的联系和交流。不断加强师资队伍的建设，提升学科教师的整体水平。

（4）向师市的本学科教师学习，相学相长，共同进步。充分利用师市名师工作室平台，认真完成工作室各项工作，积极参加工作室及相关部门组织的各项培训、研讨观摩交流活动。

（5）每学年参加一次以上的高层次的学术交流活动，并记录学习心得。

第二阶段建设进度（2019年5月至2020年5月）：加强教育教学技能培养，创新优质课堂教学。

（1）学科课堂技能是立足讲台的关键。这需要工作室成员们为成为研究型、学习型教师而努力，要善于在教育教学实践中创设教学情境，关注课堂师生行为变化，做到合作探究，做好教学反思和经验总结的指导教育教学实践，优化教学资源，切实实现有效课堂、高效课堂。

（2）积极组织开展教育教学研究及实践活动，根据需要组织教师研修、各种培训、学术交流、专题讲座等工作；组织成员学习、交流。做到“外引内培”，不断充实自己，不断提升技能，提高教师的专业素质和理论水平，打造一流师资队伍。

（3）加强与本地区，疆内外工作室的交流合作。利用多种形式的平台展示学员的成长足迹和研训成果。通过学习观摩考察、听课、研讨、教研活动等形式，尤其重视搭建较高层次的学习平台，“请进来，走出去”，聘请专家讲学等教科研活动，让学员能走出师市、本地区进行学习和观摩，进一步扩大影响力，发挥示范引领作用。

第三阶段建设进度（2020年5月至2021年5月）：引领与辐射，彰显工作室特色。

（1）借助师市学校间建立的历史学科教师QQ群（“大漠绿洲历史交流群”或“邵筱洲历史工作室”），交流、指导历史学科的教学问题，起到辐射和带动师市历史学科的整体提升的作用。

（2）每人每年要为同行提供2—3份具有较高价值的学习材料。团结协作，相互激励，打造学习型、研究型团队。

（3）建设周期内争取主持完成1—2项师市级以上课题，在省级以上刊物至少有3—5篇论文发表或获奖。

（4）要帮助其他教师成长。积极参加辅导青年教师的“导师带徒”活动，培养学科新秀，倾心关注、引领成长。

（5）教科研方面，工作室成员计划每年有论文（或教学案例或反思）在师市级以上报刊发表或获奖。此外，工作室成员积极参加课题研究活动，通过对课题的深入研究，不断提升自己的课题研究能力。

（6）发挥示范引领作用。工作室成员有义务在教育教学方面积极发挥引领示范作用。拟通过专题讲座、师徒结对等活动把自己的宝贵经验与本校、师市的同行分享，为师市的历史教育事业的发展做出自己的贡献。

教育部首届“中小学名师领航工程”
邵筱洲名师工作室三年工作方案

为进一步加强中小学教师队伍建设和发挥名师领航工程的示范引领作用，发挥对新课标、新课程的先行研究、交流研讨、示范引领的作用，做好教师培养、示范、引领和辐射等工作的同时，在学科的专业研读、学习思考、参与研究、实践总结中不断地提升教师业务素质，使名师工作室真正成为促进教师专业成长与发展的平台，特制订本工作方案如下。

一、工作定位和目标

精准定位：积极主动开展历史学科的新课标与新教材的教育教学重点问题研究，精准解决历史学科教学难题，尤其是在文明史观的教育和人文素养的培育方面下功夫。以“专业引领、同伴互助、交流研讨、共同成长”为宗旨，以课题研究为主线，以课例研讨为切入点，努力建设“学习型”“智慧型”教师团队。

目标：工作室将围绕兵团、师市教育局中小学名师工作室的整体目标，通过三年为一周期的工作计划的实施，有效推动工作室成员的专业成长，建立学习共同体，促进学科教师分享教育教学经验和智慧，充分发挥示范、引领、辐射、激励、共享等功能，力争成为未来名师的孵化地。

原则：坚持理论与实践相结合、自主与交流相结合、反思与提升相结合。

二、工作内容

（1）以“名师工作室”为平台，充分发挥名师在立德树人、师德修养、史学核心素养、学科课程改革、教研课改等方面的示范、引领、指导等作用。

（2）以“名师工作室”为载体，确立主题：立足“通史”，培育学生的核心素养。为“一标一本”的使用做好先行性、前瞻性的研究。同时，积极宣传、总结、推广名师的教育教学思想、教育科研成果。

（3）以“名师工作室”为基地，培养一个教学团队，推出一组观摩课和教学案例设计。在名师组织、引领的保障下，进一步重点培养一批地区、市级的中青年名师，着力提升学科教育的人才素养。

（4）以“名师工作室”为龙头，主动申请自治区、兵团级课题，召开一次有影响力的教学经验研讨会。不断地探索工作室的组织体制和运行机制，努力构建有特色的学科人才培养模式。

三、活动实施机制

1. 专业引领制

工作室主持人是工作室其他成员的组织者和管理者，也是其他成员业务水平发展提高的指导者。主持人根据每位成员的特点和本人自身特长，既对全体成员进行共性培养，也对不同成员进行个性化培养。主持人（导师）提供培养发展方向，给定学习、研究专题和任务，指导方法，提供机会，做出评价，并提出改进意见。

2. 教学研究制

立足历史学科专业本身的学习与研究，开展符合教学实际的研讨式说课、讲课、评课、反思等活动。工作室内部教学研讨活动，不限于内部成员说课、讲课、评课等，成员所在学校教师均可以参与；名师工作室与省市教研部门合作，开展区级、市级优质课展示活动；工作室在市、区范围内展示本工作室就新课程改革或其他某个前沿问题的教学探讨等活动。

3. 同伴互助制

结合学科特点，主持人指导成员教师就某个专题结对合作，如一人讲课、一人做关于本课的研究报告，或就某一共性问题，某次教学展示活动，团队成员互相交流教学得失、心得体会，互勉共进。

4. 学习研讨制

加强对历史学科专业的研读。工作室可以组织成员阅读相关学科的理论专著和专篇，也可以彼此交流各自藏书，组织读书分享会，交流学习体会。

5. 项目研究制

工作室要承担有关课题，全体成员参与，形成成果，成员共享并向外辐射。团队成员也可根据自己或自己学校的实际，在主持人指导下确定校本性研究专题，吸纳所在学校部分教师为成员，进行研究与辐射；也可吸纳工作室成员以外的相关学校教师参加，进行某个专门问题的研究，并在主持人指导下撰写研究论文或案例。

6. 成果辐射制

与相关学校建立合作、交流、辐射的联系，推广自己比较成熟和有实效的成果，或选择相关学校以及师市团场学校作为工作室基地，不定期对教育教学进行指导。

四、运行及工作形式

1. 团队集中研讨

保证每学期至少一次全员活动。主要进行工作安排，重点研讨各自在工作中遇到的教育教学困惑和问题，组织切实可行的学习、培训、送教等活动。

2. 个人自主研习

工作室成员要养成多读书、勤思考的习惯，根据主持人的工作要求和自己的规划完成相关的学习任务，同时进行课程资源的开发。

3. 网络交流互动

充分利用网络平台（名师工作室交流群），建立远程学习机制，建立跨校、跨区协作等模式，进一步发挥名师工作室的作用。

4. 观摩交流互动

利用“名师工作室”平台，采取“走出去，请进来”的方式加紧对工作室成员的培训和专业提升，还可以采取“送教讲学”“送教下乡”“专题讲座”“结对帮扶”等形式研讨交流，有效推动成员的专业成长和个人发展，不断地营造和建立学习共同体目标。

五、工作保障

1. 条件保障

在第一师阿拉尔市第一师高级中学设置专门的工作室场所，学校配备相应的工作设施（会议桌椅、电脑、投影仪等）。

2. 经费保障及使用

根据兵团、师市教育局有关文件划拨和使用经费，将经费有计划、合理地用于工作室各项业务活动的开展。

希望工作室全体成员能真正静下心来，认认真真读一些书，认认真真想一些问题、做一些事情。在教育的路上，为我们共同的教育事业结伴而行，共同成长。

附：邵筱洲名师工作室专家成员及学员名单

类别	姓名	工作单位及职务
主持人	邵筱洲	第一师阿克苏市第一师高级中学教师
理论导师	周巩固	东北师范大学教授、博士生导师
理论导师	姬秉新	西北师范大学教授、博士生导师
实践导师	张　岩	吉林省教育学院教授
专家成员	李国平	塔里木大学历史与哲学学院教授
专家成员	马雪琴	石河子大学政法学院副教授
专家成员	李海军	河南省开封市高级中学正高级教师
专家成员	燕　洁	山西省太原市外国语学校正高级教师
主持助理	文　兵	第一师阿拉尔市第一师高级中学教师
主持助理	罗光伟	第一师阿拉尔市第一师高级中学教师
学员	陈利元	第一师阿拉尔市一团中学教师
学员	刘海建	第一师阿拉尔市一团中学教师
学员	何亿军	第一师阿拉尔市一团中学教师
学员	赫玉泉	第一师阿拉尔市第一师高级中学教师
学员	王睿颖	第一师阿拉尔市第一师高级中学教师

续 表

类别	姓名	工作单位及职务
学员	严康辉	第一师阿拉尔市第一师高级中学教师
学员	李艳艳	第一师阿拉尔市第一师高级中学教师
学员	陈秀兰	第一师阿拉尔市塔里木高级中学教师
学员	朱　璇	第一师阿拉尔市塔里木高级中学教师
学员	杨　珍	第一师阿拉尔市塔里木高级中学教师

教育部怒江州兰坪县第一中学
支教专家工作室工作方案

兰坪县第一中学是一所有着近70年办学历史的学校，具有鲜明的办学特色和优势。教育部“帮扶支教行动”兰坪县教育支教团队兰坪第一中学教育帮扶小组为了能够更好地对第一中学进行教育帮扶，结合《怒江州教体局关于在中小学校设立教育部支教专家工作室的通知》的文件精神，于2021年4月9日成立了“教育部兰坪县第一中学支教专家工作室”。目的是进一步扩大教育帮扶内容，不断地开展对兰坪县各学校的指导与帮扶，以及促进帮扶团队之间的合作与交流，以期进一步发挥支教团队和支教专家工作室的辐射、引领和示范作用。

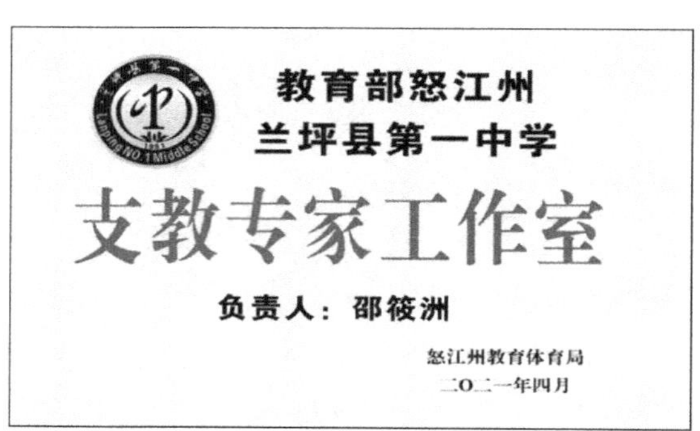

一、工作室成员构成

“教育部怒江州兰坪县第一中学支教专家工作室”的成员构成如下：

序号	姓名	工作室职级	担任学科	备注
1	邵筱洲	负责人	高中历史	支教团队负责人
2	李庆芳	工作室助理	高中政治	兰坪一中副校长
3	陈利元	主持人	高中历史	兰坪一中支教组长
4	王恒龙	第二主持人	高中数学	兰坪一中支教组员
5	郑福帅	工作室成员	高中生物	信息发展中心副主任
6	杨 勇	工作室成员	高中数学	兰坪县第一中学教师
7	杨艳全	工作室成员	高中数学	兰坪县第一中学教师
8	飞 超	工作室成员	高中数学	玉溪市支教教师
9	史 宁	工作室成员	高中历史	珠海市支教教师
10	罗建周	工作室成员	高中历史	兰坪一中教务主任
11	吴银瑞	工作室成员	高中历史	兰坪县第一中学教师
12	字学书	工作室成员	高中历史	兰坪一中师徒结对
13	夏东美	工作室成员	高中历史	兰坪一中师徒结对
14	杨卓娟	工作室成员	高中政治	兰坪县第一中学教师
15	乔政春	工作室成员	高中政治	兰坪县第一中学教师

二、工作室指导思想

工作室以认真贯彻落实教育部“国培计划”关于“帮扶支教行动”中的各级学校的教育教学、教研课改和常规管理等的帮扶支教作为指导思想；以务实、研讨、帮扶为工作目标，相互学习交流，助推学习共同体发展；以进一步发挥“引领、辐射、提升”作用为宗旨。

工作室坚持“帮扶+支教”，从教育教学管理、教研课改具体需要着手坚持“两条线”：以兰坪县教体局和兰坪县第一中学两条线实际需要开展帮扶工作；重点抓好“青蓝结对”工程，开展好师徒结对活动。

同时，工作室坚持“两合作”的工作原则，即帮扶学校校内合作和与其他帮扶团队深度合作。坚持“线上线下”教学教研活动，利用现代信息技术开展好帮扶指导与实际听课、评课和培训指导相结合。

三、具体实施方案

首先围绕“教育部教育帮扶行动”的文件要求，坚持每月定期召开工作室例会（至少两次），总结上阶段帮扶工作，明确本阶段帮扶工作安排。同时，将会议精神和决策具体落实到兰坪县第一中学常规教育教学各项工作。

教育部兰坪县第一中学支教专家工作室具体实施方案如下。

一、在学校的教学教研课改方面

依据兰坪县教体局工作计划，结合学校实际，实施教育帮扶“五个一”工程。

工程一：开展“青蓝工程”的师徒结对活动。

通过全县“青蓝工程”师徒结对的形式，去培养、带强一批各学校青年教师、骨干教师，培养出一批兰坪县名师。

工程二：积极参与中考、高考复习帮扶指导备考工作。指导初、高中的中考、高考的试卷模拟命题工作。进一步做好一次中考、高考的备考指导、培训工作。

工程三：组织、参与全县初中、高中学段的教师教学基本功（教学设计）大赛。通过一次大型活动的开展，带动兰坪县教育教学的进一步提升。

工程四：开展建党一百周年读书活动。通过学党史、学革命史，进一步认知中国共产党一百年来的光辉历程，做好一篇读书笔记并分享交流活动。

工程五：工作室成员开展深度学习。读一本教育教学理论或案例等书籍，写好读书笔记。

二、落实“青蓝工程”的师徒结对活动

通过培训兰坪县结对学校的青年教师、骨干教师的同时，带好受援学校兰坪县第一中学历史学科。开展帮扶受援兰坪一中的教学教研，参加各学科教研组活动。始终坚持听评课、研讨课等帮扶指导工作。定期做好培训讲座、示范课或组织县级、校级之间的交流研讨活动，帮助提升课堂教学。此外，积极开展与其他帮扶团队的深度合作，组织、参加教学教研活动。并积极配合各领航名师基地组织的送教送培活动。

三、常规教育教学管理方面

结合兰坪县第一中学的常规教育管理方面工作安排，积极参与、深入指导。针对兰坪一中“帮扶支教”的目标，重点抓好高三年级高考备考的指导工作，积极参与学校的各项工作，开展早晚自习的巡查指导工作，听评课、示范课的交流研讨，专题培训、讲座等，使工作室成为学校教育教学常规管理、教研课改的基地，工作室成员、学校教师交流的平台，助推学校教育共同体发展。

四、工作室工作经费来源与使用管理

经费来源：结合《怒江州教体局关于在中小学校设立教育部支教专家工作室的通知》的文件精神，确保教育部支教专家工作室正常运行，资金来源从2020年中交集团—教育部教师工作司助力怒江州教师专业发展战略行动计划项目资金中为每个工作室安排3万元的经费。

经费使用：主要用于保障工作室专家生活需要，购置工作室所需设施设备及图书资料，工作室开展送教送培和调研活动等方面的支出。

经费管理：由兰坪县第一中学财务部门根据相关文件参照执行。

教育部兰坪县第一中学支教专家工作室
2021年4月9日

兵团首批名师工作室邵筱洲高中历史名师工作室成员名单

<table>
<tr><td colspan="6">名师工作室主持人</td></tr>
<tr><td>姓名</td><td>邵筱洲</td><td>职务</td><td>教师</td><td>职称</td><td>特级教师
中教高级</td></tr>
<tr><td>单位</td><td>第一师高级中学</td><td>学科专长</td><td colspan="3">高中历史教育教学、课题研究、高考研究</td></tr>
<tr><td>主要社会兼职</td><td colspan="5">师市兼职教研员、兵团教育学会中学历史专业委员会常务理事、东北师大兼职硕士研究生导师</td></tr>
<tr><td colspan="6">名师工作室助理</td></tr>
<tr><td>姓名</td><td>职务/职称</td><td>专业</td><td>工作单位</td><td colspan="2">研究专长和学科领域</td></tr>
<tr><td>文　兵</td><td>教研室主任
中教高级</td><td>地理学</td><td>师高级中学</td><td colspan="2">教研课改、课题研究、高考研究、教师培训</td></tr>
<tr><td>罗光伟</td><td>中教一级</td><td>汉语言文学</td><td>师高级中学</td><td colspan="2">教材教法、教研课改、课题研究、班级管理</td></tr>
<tr><td colspan="6">名师工作室成员</td></tr>
<tr><td>姓名</td><td>职务/职称</td><td>专业</td><td>工作单位</td><td colspan="2">研究专长和学科领域</td></tr>
<tr><td>邵筱洲</td><td>特级教师、中教高级</td><td>历史学</td><td>师高级中学</td><td colspan="2">教研课改、课题研究、高考研究、班级管理</td></tr>
<tr><td>严康辉</td><td>中教一级</td><td>历史学</td><td>师高级中学</td><td colspan="2">历史教学、教研课改、高考研究</td></tr>
<tr><td>李艳艳</td><td>中教二级</td><td>历史学</td><td>师高级中学</td><td colspan="2">历史教学、教研课改</td></tr>
</table>

续 表

陈利元	中教高级	历史学	一团中学	教研课改、课题研究、高考研究、班级管理
王睿颖	中教一级	历史学	一团中学	教材教法、教研课改
刘海建	中教二级	历史学	一团中学	历史教学、教材教法
陈秀兰	中教一级	历史学	塔里木高中	教研课改、课题研究、高考研究
朱　璇	中教一级	历史学	塔里木高中	历史教学、教研课改